Eva Gaigg / Franz Schauer

Saucen
Chutney, Pesto & Co

Vom Avocado-Dip bis zur Zwiebelsauce

Leopold Stocker Verlag
Graz – Stuttgart

Umschlaggestaltung:
DSR Werbeagentur Rypka GmbH, 8143 Dobl/Graz, www.rypka.at

Bildnachweis:
Coverfoto: Bilderwerk, Wien
Bildnachweis: Archiv Leopold Stocker Verlag, Graz (3), Mani Hausler, Wien (5); Wilhelm Hufnagl, Jennersdorf (37); Herbert Lehmann, Wien (24); Mona Lorenz, Gmunden (35); Reinhold Zötsch, Graz (1).

Bibliografische Information Der Deutschen Bibliothek
Die Deutsche Bibliothek verzeichnet diese Publikation in der Deutschen Nationalbibliografie; detaillierte bibliografische Daten sind im Internet unter http://dnb.ddb.de abrufbar.

Hinweis: Dieses Buch wurde auf chlorfrei gebleichtem Papier gedruckt. Die zum Schutz vor Verschmutzung verwendete Einschweißfolie ist aus Polyethylen chlor- und schwefelfrei hergestellt. Diese umweltfreundliche Folie verhält sich grundwasserneutral, ist voll recyclingfähig und verbrennt in Müllverbrennungsanlagen völlig ungiftig.

Auf Wunsch senden wir Ihnen gerne kostenlos unser Verlagsverzeichnis zu:
Leopold Stocker Verlag GmbH
Hofgasse 5 / Postfach 438
A-8011 Graz
Tel.: +43 (0)316/82 16 36
Fax: +43 (0)316/83 56 12
E-Mail: stocker-verlag@stocker-verlag.com
www.stocker-verlag.com

ISBN 978-3-7020-1284-7

Printed in Austria
Layout und Repro: DSR Werbeagentur Rypka GmbH, 8143 Dobl/Graz
Druck und Bindung: Druckerei Theiss, A-9431 St. Stefan im Lavanttal

Inhalt

Österreichische Begriffe

Brösel – Krümel
Eidotter – Eigelb
Eierschwammerl – Pfifferlinge
Eiklar – Eiweiß
Einmach, Einbrenn – Mehlschwitze
Erdäpfel – Kartoffeln
Faschiertes – Hackfleisch
Fisolen – grüne Bohnen
Germ – Hefe
Glattes Mehl – fein gekörntes Mehl (niedrige Typenzahl, z. B. Type 405 in D bzw. Type W480 in Ö), das man meist für Gebäck und Mehlspeisen verwendet
Griffiges Mehl – weniger fein gekörntes Mehl (höhere Typenzahl, z. B. Type 550 in D bzw. Type W700 in Ö), ist sehr gut quellfähig, lässt sich gut ausrollen und formen und wird idealerweise für Nudeln oder Spätzle verwendet.
Kren – Meerrettich
Maizena – Maisstärkemehl
Marillen – Aprikosen
Melanzani – Auberginen
Obers (Schlagobers) – Sahne (Schlagsahne)
Palatschinken – Pfannkuchen
Paradeiser – Tomaten
Powidl – Pflaumenmus
Rahm – Sahne
Ribiseln – Johannisbeeren
Rote Rübe – Rote Bete
Sauerrahm – saure Sahne
Schwarzbeeren – Heidelbeeren
Semmel – Brötchen
Semmelbrösel – Paniermehl
Semmelwürfel – Knödelbrot
Staubzucker – Puderzucker
Topfen – Quark
Weichseln – Sauerkirschen

Fachbegriffe

Béchamelsauce – Milchrahmsauce, Verwandte der Velouté; mit heller Einmach gebundene Milch
Beurre manié – Mehlbutter
Demi glacé – braune Fleischsauce (Fond aus Rinds- und Kalbsknochen)
Fûmet de poisson – Fischfond
Grandjus – großer brauner Fond, Grundlage für braune Saucen, kann auch fertig gekauft werden
Julienne – in feine, längliche Streifen geschnitten (Gemüse)
Jus de rôti – Bratensaft
Jus lié – gebundener Bratensaft
Mirepoix – klein würfelig geschnittenes, angeröstetes Gemüse
Noilly Prat – trockener Wermut
Roux – Einmach, kann dunkler oder heller zubereitet sein
Velouté – Samtsauce, mit heller Einmach gebundener Fond

Die wichtigsten Mengenangaben

EL – Esslöffel
KL – Kaffeelöffel
Msp – Messerspitze
P. – Packung
1 cl – 10 ml
1 dl – 100 ml
100 ml – 1/10 Liter
125 ml – 1/8 Liter
250 ml – 1/4 Liter
500 ml – 1/2 Liter
750 ml – 3/4 Liter
1000 ml – 1 Liter
100 g – 10 dag
125 g – 1/8 Kilogramm
250 g – 1/4 Kilogramm
500 g – 1/2 Kilogramm / 1 Pfund
750 g – 3/4 Kilogramm
1000 g – 1 Kilogramm

Vorwort

Wie sich die Zeiten ändern und doch auch wieder ähneln! Holten die Frauen unserer Vorfahren, als diese noch Jäger und Sammler waren, Wacholderbeeren, Wildkarottenwurzeln, Kastanien, gedörrtes Wildobst sowie getrocknete Pilze und Beeren aus ihrem Vorratslager, um die bisweilen magere Jagdausbeute der Männer durch diese einfachen, aber köstlichen Naturalien zu bereichern, so greifen immer mehr moderne Hausfrauen – auf Großmutters Tradition aufbauend – zu selbstfabrizierten und pikant verarbeiteten kleinen kulinarischen Köstlichkeiten, die sie in bunten Gläsern, Steinguttöpfen und ähnlichen Behältern als besondere Vorratsschätze lagern, um dem Gusto ihrer Lieben nach delikaten Beilagen zu Gemüse, Fleisch-, Fisch- und Nudelgerichten rasch gerecht zu werden.

Auch wenn sich die Ausgangsstoffe für die genannten Beilagen seit damals teilweise grundlegend geändert bzw. eine große Bereicherung erfahren haben, so ist ihnen doch eines gemeinsam. Ob eine Mischung aus gebratenen Kastanien, Preiselbeermus und abgelegenen Holzbirnen, wie sie unsere früheren weiblichen Vorfahren mit großer Kunst zu verarbeiten wussten, oder Großmutters Marmeladen-, Gewürz- oder Geleegeheimnisse bis hin zu den pikant-würzigen Saucen, Chutneys, Relishes, Dips und Pestos heutiger „Hausfrauen aus Leidenschaft" – mit viel Liebe und Phantasie selbst zubereitet, sind sie einfach „g'schmackig". Auch wenn wir mittlerweile die Vorteile von Mikrowelle und Tiefkühltruhe nützen, ganz ersetzen können sie die Köstlichkeiten aus Gläsern, Steinguttöpfen und Fässern nicht. Bei den Vorräten im Keller weiß man ganz genau, was an Zutaten enthalten ist.

Was nun die Rezepte in diesem Buch betrifft, so sind sie dazu gedacht, Speisen zu verfeinern und vielen erst den richtigen Schliff zu verleihen. Preiselbeer- und Hagenbuttengelee zu Wildbraten; Senf-Dill-

Sauce zu Graved Lachs: Saures und Süßes, Scharfes mit Zucker zu Fleisch – nun, nach den strengen Regeln der französischen Küche passt das nicht zusammen. Die Köche vieler anderer Regionen sind da anderer Meinung. Was womit harmoniert, muss wohl jeder für sich herausfinden. Das vorliegende Buch bietet eine Fülle von Anregungen, wie Sie Gerichte mit klassischen warmen und kalten Saucen, mit Chutneys, Relishes, Pestos, Dips und Dressings vollenden können – sei es durch die Abrundung des Geschmacks, sei es durch Harmonisierung oder auch gewollten Kontrast. Hier finden Sie eine bunte Sammlung dieser kleinen Köstlichkeiten. Angefangen mit grundlegenden Informationen und Basisrezepten spannt sich der Bogen von Klassikern über Eigenkreationen bis hin zu von Reisen mitgebrachten oder von Freunden erfragten Rezepten.

Die Rezepte in diesem Ratgeber müssen nicht grammgenau nachvollzogen werden, schließlich variieren schon manche Zutaten im Geschmack erheblich (Äpfel können z. B. sauer oder süß sein). Vertrauen Sie auf Ihren persönlichen Geschmack und Sie werden merken, ob eine Zutat zu sehr dominiert. Nicht umsonst schmecken viele Gerichte einfach in jedem Haushalt anders. Auch wenn Kochbücher nur das ABC der Kochkunst sind und die wahre Kochkunst erst beim eigenständigen Variieren und Kombinieren beginnt, haben wir dennoch versucht, die Rezepte so klar zu formulieren, dass sie auch bereits beim ersten Versuch bestens gelingen.

Viel Freude beim Kochen und Genießen!
Eva Gaigg und Franz Schauer

Grundsätzliches zum Thema

Je besser die Qualität der Zutaten ist, umso besser schmeckt es! Obst und Gemüse muss knackig-frisch, richtig gereift und ohne lange Lagerung oder Transportwege in die Küche wandern. Das ist am einfachsten, wenn man einen Obst- und Nutzgarten vor der Haustüre hat und der Wald leicht zu erreichen ist.

Wer die Zutaten kaufen muss, sollte zu biologischen und heimischen Produkten greifen. Bei manchen Rezepten kann man dennoch auf Zutaten auch aus fernen Klimazonen nicht verzichten. Auch hier sollte man Bio-Ware oder Faire-Trade-Produkte bevorzugen.

V. l. n. r.: Velouté, braune und helle Grundsauce

Warme oder kalte Saucen

Das französische Wort „Sauce" geht erstaunlicherweise auf das deutsche Wort „Salse" zurück, welches „Saft des Fleisches", „gesalzene Brühe" bedeutet. So eng sieht man den Begriff heute nicht mehr. Wichtig ist, dass die Sauce den Geschmack des Hauptgerichtes unterstützt und vervollständigt oder akzentuiert. Ob es Wildbraten, Fisch oder Fleisch, blanchiertes oder rohes Gemüse oder ein kaltes Büfett gibt, einige Saucen dazu bereichern einfach die Geschmacksvielfalt und reizen auf angenehme Weise die Geschmacksnerven.

Saucen werden entweder heiß zubereitet oder die Zutaten werden einfach kalt verrührt.

Bei den warmen Saucen unterscheidet man zwischen:

- brauner Grundsauce
- heller Grundsauce
- Velouté
- Buttersauce und
- selbstständiger warmer Sauce

Zu den kalten Saucen zählen:

- Saucen auf Mayonnaise-Basis
- selbstständige kalte Saucen

Warme Saucen

Die altösterreichische Küche kennt seit jeher eine Reihe von warmen Saucen, meist enthalten diese Rezepte viel Mehl zum Legieren (Binden). In diesem Kapitel finden Sie auch viele „leichtere" Varianten – lassen Sie sich von der Vielfalt der Rezepte überraschen. Doch zunächst einige grundlegende Informationen dazu, wann man von braunen oder hellen Grundsaucen spricht, was Buttersaucen oder selbstständige warme Saucen sind und natürlich wichtige Tipps zur Zubereitung warmer Saucen.

Grundlegendes

Widmen Sie der Saucenzubereitung höchste Aufmerksamkeit. Denn: Saucen erheben das Kochen zur Kochkunst.

Richtig zubereitete Saucen sind kräftig im Geschmack, sämig glänzend und fettfrei.

Dies erfordert:

- ein kräftiges Aufgussmittel (Fond)
- die richtige Auswahl des Rohmaterials und der würzenden Zutaten
- fachlich genaues Ansetzen
- „Pflege" während des Kochens (abschäumen bzw. degraissieren = entfetten)
- genügend langes Auskochen
- feines Passieren (z. B. durch ein Etamin = dünnes, steifes Gazegewebe, das sich optimal zum Abseihen eignet)
- die perfekte Vollendung (gefühlvolles Würzen)

Oberstes Gebot sollte sein, eine Sauce „natürlich" zu halten, d. h. sie sollte geschmacklich zu jenem Nahrungsmittel passen, das die Grundlage des Gerichtes darstellt. Achten Sie immer darauf, dass die Zutaten frisch und einwandfrei sind. Der Boden des Kochgeschirrs sollte möglichst dick sein, da Saucen keine allzu große Hitze vertragen. Kein Aluminiumgeschirr verwenden, da sich die Saucen darin geschmacklich verändern. Saucenschüsseln vor dem Eingießen warmer Saucen immer vorwärmen, damit die Sauce nicht auskühlt. Saucen sollte man nur im Wasserbad warm halten, wobei man auf die Oberfläche der Sauce kleine Butterflöckchen gibt, damit sich keine Haut bildet.

Man unterscheidet zwischen fünf warmen Grundsaucen (außer den Saucen, die sich aus dem Eigensaft der zubereiteten Speise durch Braten oder Dünsten bilden) und zwar:

1. **braune Grundsaucen,** z. B. Demi glacé (= braune Fleischsauce; dazu braucht man zunächst einen Fond aus Rinds- und Kalbsknochen bzw. aus Wildknochen, mit dem angeröstete Knochen und Fleischabschnitte wiederum angesetzt und aufgekocht werden; braune Grundsauce bereitet man am besten zu, wenn man die benötigten Knochen und Fleischabschnitte sowie genügend Zeit dafür zur Verfügung hat, und friert sie in kleinen Portionen ein, damit man sie dann, wenn man eine braune Grundsauce braucht, schnell zur Verfügung hat),
2. **helle Grundsaucen** auf der Basis von Kalbs-, Geflügel-, Fisch- und Gemüsefond
3. **Velouté (Samtsauce),** z. B. Sauce aurora oder Sauce poulette, eine Verwandte der Velouté ist die Béchamelsauce
4. **Buttersaucen,** z. B. Sauce hollandaise (diese Saucen danken die längere Kochzeit, die man dafür benötigt, mit gutem Geschmack und samtigem Aussehen)
5. **selbstständige warme Saucen,** z. B. Linsensauce, Tomatencremesauce oder Zwiebelsauce

Braune Grundsaucen

Um braune Grundsaucen herzustellen, braucht man als Grundlage die braune Fleischsauce (Sauce Demi glacé), deren Basis wiederum bereits fertiger brauner Fond (Grandjus) aus Rinds-, Kalbs- oder Wildknochen darstellt; mit diesem braunen Fond erzielt man die Grundkraft der braunen Saucen. Deshalb folgen auf den nächsten Seiten zunächst die Grundrezepte für Wildfond bzw. für die braune Fleischsauce.

Die Bindung brauner Saucen erfolgt entweder mit einer dunklen Einmach (braunem Roux) oder man staubt die angeröstete Saucengrundlage vor dem Ablöschen mit Mehl.

Werden braune Saucen mit angerührtem Stärkemehl gebunden, so muss der Ansatz sehr kräftig und in der Farbe schön braun sein, sonst wird die Sauce durch die Stärkebindung glasig-durchsichtig, sie gleicht dann eher einem Bratensaft.

Wer nicht immer Zeit findet, die Sauce Demi glacé selbst herzustellen, muss nicht darauf verzichten. Man kann die Sauce auch im Glas im Handel kaufen.

Wildfond

Zutaten für ca. 1 l

ca. 2 kg Wildknochen, klein gehackt
40 g Räucherspeck
200 g Wurzelwerk
30 g Mehl, glatt
1 Bouquet garni (Petersilie, Selleriegrün, Thymian, 1 kleines Lorbeerblatt)
Salz
500 g Wildfleischabschnitte
40 g Öl (keine Butter!)
150 g Zwiebeln, grob geschnitten
125 ml Rotwein
4 Wacholderbeeren
2 Korianderkörner
6 Pfefferkörner
ca. 2 l Wasser

Knochen und Wildfleischabschnitte sowie den klein geschnittenen Räucherspeck in einer Bratpfanne in heißem Fett anbraten und im Backofen bei ca. 180 °C etwa 30 Minuten langsam braun anrösten. Bratpfanne aus dem Backofen nehmen, auf die Herdplatte stellen. Klein geschnittenes Wurzelwerk und die Zwiebeln dazugeben und mitrösten. Dabei immer wieder gut durchrühren, mit dem Mehl stauben und weiterrösten. Mit etwas Rotwein ablöschen, die Gewürze beigeben und mit Wasser aufgießen (so viel, dass die Knochen immer gut bedeckt sind).

Auf kleiner Stufe etwa 3 Stunden kochen lassen (immer wieder Wasser nachgießen), dabei das aufsteigende Fett immer wieder abschöpfen. Anschließend den Fond durch ein feines Sieb passieren (das Wurzelwerk nicht durchpressen!) und abschmecken.

Tipp: Diese Zutaten ergeben nach Ende der Kochzeit ca. 1 l Sauce, die eine schöne braune glänzende Farbe haben soll. Wildfond kann man in kleinen Behältern einfrieren, damit kann man nach dem Auftauen die Saucen von gedünsteten oder gebratenen Wildgerichten verfeinern.

Variation: man kann auch 1 EL Preiselbeerkompott mit einem Schuss Rotwein und 1/2 KL Senf verrühren, die Sauce damit abschmecken, mit der Zitronen- und Orangenscheibe noch einmal aufkochen und passieren.

Braune Fleischsauce (Demi glacé, Zubereitung siehe rechts)

Zutaten für 1 l Sauce

50 g Fett (Öl oder Schmalz)
60 g gemischte Knochen (Schwein, Kalb)
200 g Parüren (Abschnitte von Schweine- oder Kalbfleisch)
50 g Speck- und Schinkenabschnitte
100 g Wurzelgemüse (Karotten, Sellerie, Lauch), würfelig geschnitten
50 g Zwiebeln, klein geschnitten
20 g Tomatenmark
eventuell 70 g Mehl zum Stauben (oder 30 g Stärkemehl)
1,5 l großer brauner Fond (= Grandjus, Zubereitung s. S. 17 oder fertig gekauft)
1/16 l Weißwein
100 g braune Einmach (= Roux brun)
1 Bouquet garni (Kräuterbündel aus Rosmarin, Lorbeerblatt, Thymian usw.)
1 Knoblauchzehe

Tipp: Möchten Sie diese Sauce mit Stärkemehl binden, dann fürgen Sie sie erst nach dem Passieren der Sauce dazu.

Tipp: Die Sauce kann im Kühlschrank einige Wochen und im Gefrierschrank ca. 1–2 Monate in Gläsern oder Kunststoffbehältern aufbewahrt werden.

1. Fett in einem geeigneten Bräter stark erhitzen, klein gehackte oder geschnittene Knochen scharf anbraten.

2. Fleischabschnitte sowie Speck- und Schinkenabschnitte langsam anbraten.

3. Würfelig geschnittenes Gemüse und Zwiebeln beigeben, weiterrösten.

4. Tomatenmark beigeben und etwas mitrösten, damit es die Säure verliert, braun wird und das Aroma besser entwickeln kann.

5. Zuerst mit etwas braunem Fond ablöschen (= deglacieren), damit sich der Bratensatz löst. Sollte das Röstgut noch immer zu wenig Farbe aufweisen, diesen Vorgang wiederholen. Dann erst mit Wein ablöschen, mit dem restlichen braunen Fond aufgießen.

6. Zur Bindung die Sauce stauben oder braune Einmach beifügen. Unter öfterem Umrühren zum Aufkochen bringen, dann abschäumen und langsam kochen lassen.

7. Wiederholt die Trübstoffe abschöpfen, verkochte Flüssigkeitsmenge durch Nachgießen von braunem Fond oder Wasser ausgleichen.

8. Das Bouquet garni sowie den Knoblauch 1 Stunde vor Kochende beigeben.

9. Nach ca. 3–4 Stunden sind die Knochen und Fleischabschnitte ausgekocht, die braune Fleischssauce kann abgeseiht und passiert werden.

Madeirasauce

Zutaten für 70 cl

60 cl braune Fleischsauce (s. S. 18)
Salz und Pfeffer
4–5 EL Madeira

Die braune Fleischsauce unter ständigem Rühren kochen lassen, bis sie um etwa ein Viertel reduziert ist. So viel Madeira hinzufügen, bis die Sauce wieder die ursprüngliche Konsistenz hat, zuletzt abschmecken.

Tipp: Die Sauce wird zu geschmortem Schinken und gekochter Zunge serviert.

Jägersauce

Zutaten für 200 ml

125 g Mischpilze (Eierschwammerl, Täublinge, Steinpilze, Röhrlinge)
1 Paradeiser, geschält, entkernt und klein geschnitten
1 KL Petersilie
15 g Butter
1 EL Schalotten, fein geschnitten
30 cl trockener Weißwein
30 cl braune Fleischsauce (s. S. 18)
Salz und Pfeffer

Die Mischpilze in gleich große Stücke schneiden und in der Butter goldbraun braten. Schalotten, Paradeiser und Weißwein hinzufügen, leise köcheln lassen, bis die Flüssigkeit etwa um die Hälfte reduziert ist. Braune Fleischsauce unterrühren und wieder zum Köcheln bringen, Petersilie zugeben und abschmecken.

Tipp: Diese Sauce wird meistens zu gebratenem Hendl, Kaninchen oder Kalbfleisch serviert.

Lyoner Sauce

Zutaten für 100 ml

60 g Zwiebeln, in feine Scheiben geschnitten
15 cl Weißweinessig
Salz und Pfeffer
15 g Butter
15 cl trockener Weißwein
60 cl braune Fleischsauce (s. S. 18)

Die Zwiebeln in Butter braten, bis sie weich und hellgelb sind. Weißwein und Essig hinzufügen. Die Flüssigkeit leise köcheln lassen, bis sie um etwa zwei Drittel reduziert ist. Die braune Fleischsauce dazugeben und noch einmal aufkochen lassen, dann abschmecken.

Tipp: Diese Sauce wird meistens zu gegrilltem Fleisch serviert.

Teufelssauce

Zutaten für ca. 100 ml

30 ml Weißwein
Petersilie, fein gehackt
125 ml braune Fleischsauce (s. S. 18)
Cayennepfeffer
1 Schalotte, fein geschnitten
Pfefferkörner, fein gemahlen
Estragon, fein gehackt
Salz nach Bedarf

Weißwein und fein geschnittene Schalotte aufkochen, Petersilie, fein gemahlenen Pfeffer und Estragon untermischen und einkochen lassen. Erst dann die braune Fleischsauce dazugeben und aufkochen lassen. Passieren, mit Cayennepfeffer und eventuell etwas Salz abschmecken.

Tipp: Zu Gegrilltem schmeckt diese Sauce sehr gut.

V.l.: Lyoner Sauce, Jägersauce und Madeirasauce

Sauce Chateaubriand

Zutaten für 200 ml

30 g Schalotten, fein geschnitten
30 g Champignons, in kleine Würfel geschnitten
60 g Butter, kalt und in kleine Würfel geschnitten
1 KL Estragonblätter, fein geschnitten
1 Stängel Thymian
1 Lorbeerblatt
150 ml Weißwein
300 ml braune Fleischsauce (s. S. 18)
1 EL Petersilienblätter, fein geschnitten
Salz und Pfeffer

Schalotten, Thymian, Lorbeerblatt, Champignons und Weißwein in eine Kasserolle geben und leise köcheln lassen, bis die Flüssigkeit um zwei Drittel reduziert ist. Braune Fleischsauce hinzufügen und einmal aufkochen lassen. Die Sauce durch ein Sieb passieren und wieder zum Kochen bringen. Die Kasserolle von der Kochstelle nehmen und die kalten Butterwürfel unterschlagen, Estragon und Petersilie unter die Sauce ziehen und abschmecken.

Tipp: Passt sehr gut zu gebratenem Rindfleisch.

Sauce Bordelaise

Zutaten 150 ml

120 ml Rotwein
4 cl starke Rindsuppe
150 g Rinderknochenmark, in kleine Würfel geschnitten und blanchiert
120 ml braune Fleischsauce (s. S. 18)
etwas Zitronensaft
1 EL Petersilie, fein geschnitten
Salz und Pfeffer

Den Rotwein auf die Hälfte reduzieren, braune Sauce zugeben und bei schwacher Hitze leise köcheln lassen, bis die Sauce auf etwa ein Drittel der ursprünglichen Menge reduziert ist, dann Rindsuppe und Zitronensaft einrühren. Das Rinderknochenmark zugeben, einmal aufkochen und mit der Petersilie vollenden, abschmecken und in eine Sauciere füllen.

Tipp: Diese Sauce wird meistens zu Rindersteaks serviert.

Sauce Chateaubriand (vorne) und Sauce Bordelaise (hinten)

Kräutersauce

Zutaten für ca. 100 ml

1 Schalotte, fein geschnitten
Petersilie, fein gehackt
Estragon, fein gehackt
125 ml braune Fleischsauce (s. S. 18)
Salz nach Bedarf
10 g Butter
Dill, fein gehackt
1 KL Paradeisermark
etwas Weißwein

Fein geschnittene Schalotte in Butter goldgelb rösten, dann die Kräuter dazugeben, ebenfalls etwas anrösten. Das Paradeismark beigeben und mit Weißwein ablöschen. Nun die braune Fleischsauce dazurühren und reduzieren lassen.

Tipp: Diese Sauce passt sowohl zu Fleisch- als auch zu Eiergerichten. Man kann sie auch stark einkochen und mit eingerührten Eidottern zum Gratinieren von Speisen verwenden.

Pfefferrahmsauce

Zutaten für ca. 150 ml

30 g Schalotten
30 g Champignons, gehackt
100 ml Obers
Petersilie, fein gehackt
20 g Butter
200 ml braune Fleischsauce (s. S. 18)
1 KL grüne Pfefferkörner
Salz nach Bedarf

Schalotten in der Butter anschwitzen, die Champignons beigeben und gut durchrösten, bis die ganze Flüssigkeit verdampft ist. Braune Fleischsauce beigeben und einkochen lassen. Kurz vor dem Servieren das Obers, die Pfefferkörner und die gehackte Petersilie hinzufügen.

Tipp: Zu rosa gebratenem Fleisch reichen.

Pfeffersauce

Zutaten für ca. 100 ml

30 g Butter
50 g Champignons, blättrig geschnitten
40 ml braune Fleischsauce (s. S. 18)
1 KL grüne Pfefferkörner
Salz nach Bedarf
30 g Zwiebeln, fein gehackt
60 ml trockener Rotwein
1 KL Dijon-Senf
40 ml Crème fraîche

Butter bei mäßiger Hitze zergehen lassen und die Zwiebeln und Champignons darin anschwitzen, mit dem Rotwein ablöschen. Braune Grundsauce, Senf und Pfefferkörner dazugeben und einkochen lassen. Mit Crème fraîche verfeinern und gut verrühren.

Tipp: Passt gut als Krönung von flambierten Tournedos.

Orangensauce

Zutaten für ca. 150 ml

1 Bio-Orange
3 EL Madeira oder kräftiger Rotwein
250 ml braune Fleischsauce (s. S. 18)
1 KL Stärkemehl
1 unbehandelte Zitrone
2 EL Rotwein
Pfeffer, frisch gemahlen
Salz nach Bedarf

Die Orangenschale feinnudelig schneiden und mit dem Madeira und etwas Wasser 5 Minuten kochen lassen, braune Fleischsauce dazuseihen, Orangen- und etwas Zitronensaft dazugeben, dann die Sauce kochen und reduzieren lassen. Stärkemehl mit Wein verrühren, zur Sauce geben und diese damit binden, mit Salz und Pfeffer abschmecken.

Tipp: Schmeckt besonders gut zu Entenbraten.

Pikante Sauce

Zutaten für ca. 200 ml

1 Zwiebel, fein gehackt
125 ml Weißwein
2 Essiggurkerln, fein gehackt
Salz nach Bedarf
30 g Butter
250 ml braune Fleischsauce (s. S. 18)
etwas Petersilie, fein gehackt

Zwiebeln in der heißen Butter glasig anschwitzen lassen, mit Weißwein aufgießen, zur Hälfte einkochen lassen. Braune Fleischsauce hinzufügen, einkochen lassen, dann passieren. Die gehackten Essiggurkerln und die Petersilie unterziehen.

Tipp: Diese Sauce passt gut zu Schweinefleischgerichten.

Senfsauce

Zutaten für ca. 100 ml

1 Schalotte, fein geschnitten
1 Prise Kristallzucker
125 ml braune Fleischsauce (s. S. 18)
Zitronensaft
5 g Butter
60 ml Weißwein
1 KL Senf
Salz nach Bedarf

Die Schalotte in der heißen Butter glasig anschwitzen, den Zucker beigeben und braun rösten, mit der Hälfte des Weißweines ablöschen und mit brauner Fleischsauce aufgießen. Etwas einkochen lassen, dann passieren. Den Senf und den restlichen Weißwein mit etwas Zitronensaft verrühren und der fertigen Sauce beigeben.

Tipp: Diese Sauce kann man zu Koteletts reichen.

Zweierlei Kümmelsaucen zu Schweinsfilet

Zutaten für 4 Portionen

400 g Schweinsfilet
etwas Kräutersalz
etwas ganzen Kümmel
Salz und Pfeffer
Pfeffer aus der Mühle
Öl zum Braten

Beilage

Gemüse wie Karotten, Erdäpfel, Sellerie, Jungzwiebel, Kohlrabi
Butter zum Schwenken

Dunkle Kümmelsauce (dunkle Grundsauce)

20 g Butter
5 g Knoblauch, zerdrückt
100 ml Rotwein
Salz und Pfeffer
40 g Schalotten, klein geschnitten
20 ml roter Portwein
1 EL Kümmel

Weiße Kümmelsauce (weiße Grundsauce)

30 g Butter
40 g Schalotten, klein geschnitten
2 cl trockener Wermut
125 ml Obers
Salz und Pfeffer
20 g Champignons, blättrig geschnitten
5 g Knoblauch, zerdrückt
100 ml Weißwein
1 EL Kümmel

Das Schweinsfilet in 8 Scheiben schneiden, das Gemüse waschen, schälen und in gefällige Stücke schneiden (1. Bild). Das Gemüse nicht zu weich kochen, in einer Bratpfanne etwas Öl erhitzen, die Fleischscheiben mit Salz und Pfeffer würzen, mit etwas Kümmel bestreuen und beidseitig anbraten, danach im auf 180 °C vorgeheizten Backrohr 5–6 Minuten rosa braten.

1

Für die dunkle Kümmelsauce die Butter schmelzen lassen, Schalotten und Knoblauch darin schwenken, mit Portwein ablöschen, mit Rotwein aufgießen und auf die Hälfte reduzieren lassen. Danach durch ein Sieb streichen, würzen und den Kümmel zugeben.

Für die weiße Kümmelsauce die Butter schmelzen lassen, Champignons, Schalotten und Knoblauch darin schwenken, mit Wermut ablöschen, mit Weißwein aufgießen und auf die Hälfte reduzieren lassen. Danach durch ein Sieb streichen, anschließend das Obers zugießen, würzen und den Kümmel beifügen (2. Bild).

Fleisch aus dem Backofen nehmen und warm stellen, das Gemüse in Butter schwenken, abschmecken und mit dem Fleisch und den Saucen servieren.

2

Helle (weiße) Grundsaucen

Helle Grundsaucen werden vorwiegend zu hellem Fleisch, wie Kalb, Geflügel, Fisch, gereicht. Man kann diese entweder ***kochen, dämpfen*** *oder* ***natur-dünsten.***
Den Grundgeschmack gibt der jeweils passende Fond: Kalb-, Geflügel- oder Fischfond. Beim Ansetzen sind alle gleich, es wechselt nur der Fond, nach dem die Sauce benannt wird.

Kalbsfond

Zutaten für ca. 1 l

1 kg Kalbsknochen, klein gehackt
Wurzelwerk
Petersilie, fein geschnitten
1 Lorbeerblatt
500 g Kalbfleischabfälle
Salz
1/2 Zwiebel, grob geschnitten
einige Pfefferkörner

Die Knochen und Kalbfleischabfälle in etwas kochendes Wasser geben, wieder zum Kochen bringen, das Wasser abgießen und die Knochen und Fleischabfälle abschwemmen, mit ca. 1 l kaltem Wasser erneut aufkochen lassen, alle anderen Zutaten hinzufügen und immer wieder abschäumen. Ca. 2 Stunden kochen lassen. Zum Schluss abseihen und entfetten.

Tipp: Fond immer gleich in größeren Mengen herstellen, man kann ihn in kleinen Portionen einfrieren und hat bei Bedarf immer einen Vorrat.

Geflügelfond

Zutaten für ca. 1 l

ca. 900 g Hühnerflügel, Knochen oder Hühnerfleischabschnitte
3 Pfefferkörner
1 Zwiebel, grob geschnitten
150 g Wurzelwerk
1 kl. Lorbeerblatt

Das Hühnerfleisch kalt abschwemmen. Alle Zutaten in einen Kochtopf geben, mit gut 1 l kaltem Wasser bedecken und aufkochen. Bei kleiner Flamme ca. 1 Stunde kochen lassen, öfters die Fettaugen und den Schaum abschöpfen. Danach durch ein feines Sieb abseihen.

Da für helle Grundsaucen mit dem Fond Kalbfleisch, Geflügel oder Fisch mitgekocht oder gedünstet wird, wird der Eigengeschmack der Sauce verstärkt.
Gebunden werden diese Fonds mit einer hellen Einmach (Roux blanc) oder seltener mit Mehlbutter (Beurre manié).
Verfeinert und vollendet werden helle Grundsaucen mit einer Legierung, man kann sie aber auch nur mit Obers und Butterflocken montieren.
Durch die Vollendung wird die Sauce sämig, glänzend und feiner im Geschmack. Abgeschmeckt wird je nach Eigenart und persönlichem Geschmack, eventuell mit etwas Champignonresten oder Fond, Muskat und Zitronensaft. Mit frisch gehackten Kräutern (Petersilie) bestreuen.

Helle Grundsauce

Zutaten für ca. 1 l

100 ml trockener Wermut (Noilly Prat)
200 ml trockener Weißwein
1 Lorbeerblatt
1 kleine Zwiebel, in grobe Stücke geschnitten
1 l Geflügel-, Kalb- oder Fischfond
150 ml Obers
200 ml Crême double (Obers – auf die Hälfte reduziert, im Handel erhältlich)
Salz und Pfeffer
1 Spritzer Zitronensaft

Wermut und Weißwein in einem geeigneten Topf mit Lorbeerblatt und Zwiebel auf die Hälfte einkochen. Mit dem Fond auffüllen und erneut auf die Hälfte reduzieren. Obers und Crême double zugeben, mit Salz und Pfeffer würzen und kurz aufkochen.
Lorbeerblatt und Zwiebelstücke mit einem Siebschöpfer herausheben, die Sauce mit einem Spritzer Zitronensaft verfeinern und mit dem Stabmixer aufmixen. Die Sauce durch ein feines Sieb passieren und abschmecken.

Tipp: Man braucht nur einen Löffel mit Gewürzen oder Kräutern hinzugeben und schon hat man eine neue Sauce, die fast zu allem passt!

Lavendelsauce zu Entenbrüstchen mit Kürbisblinis

Zutaten für 2 Portionen

2 Entenbrüstchen
Öl zum Anbraten
je 1 Zweig Rosmarin, Lavendel und Thymian
1 EL Honig
Salz und Pfeffer
1/2 Knoblauchzehe, fein geschnitten

Kürbisblinis

100 g Erdäpfel
1 Ei
2 g Backpulver
Öl zum Braten
100 g Kürbis
30 g Mehl
Salz und Pfeffer

Lavendelsauce

125 ml Geflügelfond
2 cl Madeira
1 Msp. Piment, gemahlen
etwas Lavendelblätter
4 cl Rotwein
1/4 KL Stärkemehl

Die Haut der Entenbrüstchen einschneiden und mit Honig bestreichen, in einer Pfanne etwas Öl erhitzen, die Entenbrüstchen mit der Hautseite nach unten einlegen, anbraten und danach wenden, mit Salz und Pfeffer würzen, Rosmarin, Lavendel, Thymian und Knoblauch daraufgeben (Bild 1) und im auf 180 °C vorgeheizten Backrohr 8–10 Minuten fertig braten.
Für die Blinis die Erdäpfel schälen, das Kürbisfleisch und die Erdäpfel in kleine Würfel schneiden, jeweils bissfest kochen und danach kalt abschrecken. Die Erdäpfel- und Kürbiswürferl in einer Schüssel mit Ei, Mehl, Backpulver, Salz und Pfeffer vermischen. In einer beschichteten Pfanne etwas Öl erhitzen, mit einem Löffel Portionen einlegen (Bild 2), anbacken, wenden und im Backrohr fertig backen.

1

2

Die Entenbrüstchen aus dem Backrohr nehmen und warm stellen.
Für die Sauce den Bratrückstand mit Geflügelfond aufgießen, danach Lavendelblätter, Madeira und Rotwein zugeben, mit Piment würzen, kurz reduzieren lassen und mit Stärkemehl binden, anschließend den Saft durch ein Sieb gießen.
Die Blinis aus dem Backrohr nehmen, die Entenbrüstchen aufschneiden und mit den Blinis und der Sauce auf vorgewärmten Tellern anrichten.

Ingwersauce

Zutaten für 300 ml
300 ml helle Grundsauce (s. S. 29)
1 EL Ingwer, geschält und fein gerieben

Helle Grundsauce mit 1 EL Ingwer verrühren und aufkochen. Mit dem Stabmixer pürieren, abschmecken und servieren.

Pestosauce

Zutaten für 300 ml
300 ml helle Grundsauce (s. S. 29)
1–2 EL Pesto (Basilikum, Petersilie oder gemischte Kräuter)

Helle Grundsauce aufkochen, Pesto zugeben und mit dem Stabmixer fein pürieren, abschmecken und servieren.

Trüffelsauce

Zutaten für 300 ml
300 ml helle Grundsauce (s. S. 29)
1 EL Parmesan, fein gerieben
1 EL Trüffelöl (vom weißen Trüffel)

Helle Grundsauce aufkochen, Parmesan und Trüffelöl zugeben, mit dem Stabmixer aufmixen, abschmecken und servieren.

Trüffelsauce (vorne), Pestosauce (Mitte) und Ingwersauce (hinten)

Olivensauce

Zutaten für 300 ml
1 EL Oliven, schwarz und klein geschnitten
1/2 KL Thymianblätter
1 EL Olivenöl
300 ml helle Grundsauce (s. S. 29)
1 Spritzer Zitronensaft

Oliven und Thymianblätter in Olivenöl anschwitzen, mit heller Grundsauce auffüllen und aufkochen. Mit dem Stabmixer fein aufmixen und mit Zitronensaft abschmecken.

Steinpilzsauce

Zutaten für 300 ml
1 EL Zwiebeln, fein geschnitten
1 EL Steinpilzöl
1 EL Steinpilzmehl (oder 100 g frische Steinpilze, klein geschnitten)
300 ml helle Grundsauce (s. S. 29)
Salz und Pfeffer
einige Stückchen frische Steinpilze

Zwiebeln in Steinpilzöl anschwitzen, Steinpilzmehl oder Steinpilze zugeben und mit heller Grundsauce auffüllen. Aufkochen und mit dem Stabmixer fein pürieren, abschmecken, mit Steinpilzen garnieren und servieren.

Limettensauce

Zutaten für 300 ml
1 unbehandelte Limette
300 ml helle Grundsauce (s. S. 29)
Salz und Pfeffer
etwas Kresse

Limette waschen, trocknen, Schale abreiben und Limette auspressen. Helle Grundsauce mit Limettensaft und -schale verrühren, aufkochen, abschmecken, mit Kresse garnieren und servieren.

Limettensauce (vorne),
Steinpilzsauce (Mitte) und
Olivensauce (hinten)

Avocado-Sauce

Zutaten für ca. 600 ml

1 Stk. reife Avocado (Achtung: keine braune, da sonst bitter!)
100 ml Weißwein
250 ml Obers
Zitronensaft
1 kleine Zwiebel
Butter
500 ml Geflügelfond
Salz

Die Avocado halbieren, schälen und den Kern entfernen. Das Fruchtfleisch in Scheiben schneiden und zusammen mit der fein gehackten Zwiebel in etwas Butter andünsten, mit Weißwein ablöschen. Anschließend mit dem Geflügelfond aufgießen und ca. auf die Hälfte einkochen lassen. Nach Zugabe des Obers die Sauce gut mixen und mit Salz und Zitronensaft abschmecken.

Schnittlauch-Senf-Sauce

Zutaten für ca. 200 ml

125 ml Geflügelfond (oder milde Rindsuppe)
etwas Butter
1 Bund Schnittlauch
125 ml Obers
2 EL Estragonsenf
Salz und Pfeffer

Den Geflügelfond (oder ersatzweise die Rindsuppe) in einen Topf geben, aufkochen, bei kleiner Flamme auf ca. die Hälfte einkochen. Obers beigeben, aufkochen, Senf beifügen und die Sauce mit dem Stabmixer aufmixen. Dabei einige kalte Butterflocken einarbeiten. Mit Salz und Pfeffer abschmecken. Schnittlauch fein schneiden und darüberstreuen.

Tipp: Passt sehr gut zu Kalbsnierenbraten.

Thymiansauce

Zutaten für ca. 600 ml

40 g Schalotten
20 g Mehl, glatt
250 ml Geflügelfond
Salz und Pfeffer
20 g Butter
250 ml Weißwein
1 EL Crème fraîche
frischer Thymian

Fein geschnittene Schalotten in der heißen Butter anschwitzen, mit Mehl stauben, mit Weißwein ablöschen, mit dem Fond aufgießen und kurz verkochen lassen. Crème fraîche beigeben, mit dem Stabmixer aufmixen, abschmecken und mit frischem Thymian bestreuen.

Senfkörnersauce zu Rebhuhn im Blaukrautmantel

Zutaten für 4 Portionen

2 Rebhühner
Salz und Pfeffer
8 Blaukrautblätter

Senfkörnersauce

30 g Senfkörner
60 g Schalotten, fein geschnitten
125 ml Apfelsaft
500 ml Geflügelfond (aus den Abschnitten vom Rebhuhn)
1 Prise Kristallzucker
500 ml Geflügelfond
1 EL Butter
250 ml Weißwein
1 EL Balsamico-Essig
1 EL Himbeer-Essig
Salz
2 EL Weißwein
150 g Butter

Die Rebhühner ausnehmen, flämmen (die feinen Haare absengen) und die Brüste und Keulen abtrennen (den Rest kann man zu einem Fond verarbeiten, den man dann für die Sauce braucht). Von den Blaukrautblättern den Strunk entfernen. Die Blätter in Salzwasser blanchieren, abgießen und auf einem Tuch trocken tupfen.
Für die Sauce die Senfkörner waschen und gut abtropfen lassen. In einer Kasserolle die Butter erhitzen und die Schalotten darin anschwitzen, mit Weißwein, Apfelsaft, Balsamico- und Himbeer-Essig ablöschen, mit dem Geflügelfond aufgießen. Zirka 30 Minuten köcheln lassen, so dass die Flüssigkeit auf ein Drittel reduziert wird, diese danach durch ein feines Sieb gießen und mit Zucker und Salz würzen.
Weißwein und Geflügelfond in einem Topf auf ein Viertel reduzieren, die Butter und die gesiebte Sauce darin verkochen, Senfkörner unterrühren und abschmecken.
Auf einem Tuch die Blaukrautblätter auslegen, die Brüstchen und Keulen mit Salz und Pfeffer würzen und darin einschlagen. Im Dampfgarer auf einem Gitter 6 Minuten garen.
Die Sauce auf vorgewärmte Teller gießen und die Fleischteile darauf anrichten.

Tipp: Wer keinen Dampfgarer hat, wickelt die Brüstchen und Keulen in Alufolie ein und gart sie im Backrohr auf einem Backblech mit etwas Wasser etwa 1/4 Stunde lang.

Paprikasauce

Zutaten für ca. 1 l

100 g Zwiebeln, fein geschnitten
30 g Butter
250 ml Obers
250 ml Gemüse-, Geflügel- oder Kalbsfond (s. S. 29)
450 g rote Paprikaschoten
60 ml Weißwein
eventuell etwas Butter
Salz nach Bedarf

Zwiebeln mit Paprikastreifen in Butter anschwitzen, mit Weißwein ablöschen, mit gewünschtem Fond und Obers aufgießen. Paprika weich dünsten, mixen und eventuell mit kalten Butterflöckchen montieren.

Estragon-Senf-Sauce

Zutaten für ca. 500 ml

1/2 Stange Stangensellerie
1 EL Butter
1 EL Estragonblätter
2 Zehen Knoblauch
125 ml trockener Weißwein
1 Lorbeerblatt
1 EL Senf
Salz
2 Karotten
4 Paradeiser
1 Zwiebel
250 ml Geflügel- oder Gemüsefond
125 ml trockener Wermut
200 ml Obers
Saft von 1/2 Zitrone
Pfeffer, frisch gemahlen

Sellerie und Karotten putzen und in kleine Würfel schneiden. 1 EL Butter und 125 ml Wasser erhitzen, Gemüse einlegen und bissfest dünsten. Paradeiser oben kreuzweise einschneiden, ca. 10 Sekunden in kochendes Wasser legen, danach kalt abschrecken und die Haut abziehen. Paradeiser halbieren, Kerne entfernen und Fruchtfleisch in Würfel schneiden. Estragonblätter abzupfen und grob schneiden (ca. 1 EL voll). Zwiebel und Knoblauch schälen und fein schneiden. Geflügelfond mit Weißwein, Wermut, Lorbeerblatt und gehackter Zwiebel aufkochen und so lange kochen lassen, bis die Flüssigkeit auf ca. 125 ml reduziert ist. Obers zugeben und bis zu leicht sämiger Konsistenz einkochen. Tomaten-, Sellerie- und Karottenwürfel sowie Estragon hinzufügen, kurz aufkochen, mit Senf, Zitronensaft, Knoblauch, Salz und Pfeffer abschmecken.

Tipp: Diese Sauce eignet sich hervorragend zu Miesmuscheln. Die Muscheln dafür ca. 2–3 Minuten im Fond mit Weißwein und Wermut mitkochen, dann mit einem Schaumlöffel herausheben. Ungeöffnete Muscheln wegwerfen, da sie verdorben sein könnten. Die restlichen Muscheln auslösen und das Muschelfleisch mit den Gemüsewürfeln in den Sud geben.

Foto: QimiQ

Cognacsauce zu Kaninchenfilet

Zutaten für 4 Portionen

500 g Kaninchenbrust, in Filets geschnitten
Salz und Pfeffer
1 EL Butter
2 EL Öl

Cognacsauce

2 EL Schalotten, fein gehackt
125 ml Weißwein
500 ml klare Suppe
Salz und Pfeffer
3 KL Mehl
3 EL Cognac
250 g QimiQ, gekühlt

Kaninchenfilets mit Salz und Pfeffer würzen. In einer beschichteten Pfanne in einer Butter-Öl-Mischung rasch goldbraun anbraten. Fleischstücke aus der Pfanne nehmen, in Alufolie einpacken und im vorgeheizten Backrohr bei 60 °C warm halten.
Für die Sauce im Bratenrückstand die Schalotten anrösten, mit Mehl stauben und kurz mitrösten. Mit Weißwein, Cognac und klarer Suppe ablöschen und etwas einkochen lassen.
Sauce mit kaltem QimiQ abrunden und mit Salz und Pfeffer abschmecken.

1

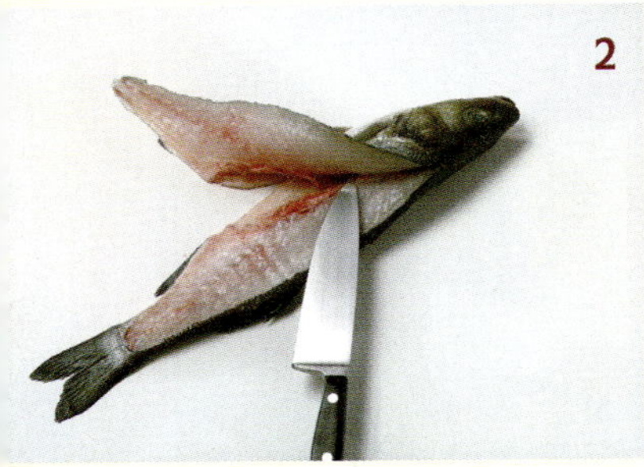

2

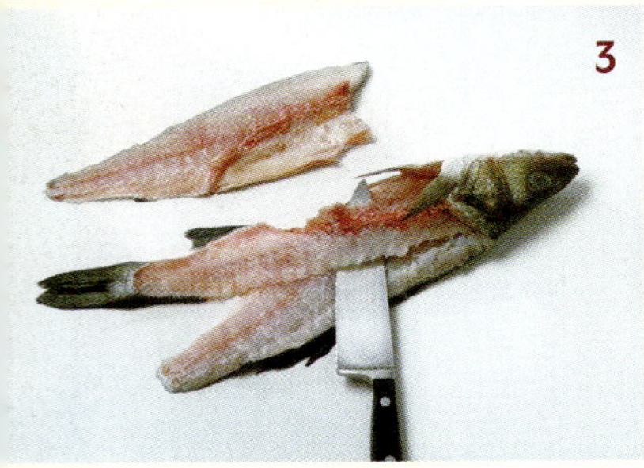

3

4

5

Rieslingsauce

zu pochiertem Wolfsbarsch mit Gemüsenudeln

Zutaten für 2 Portionen

2 Wolfsbarsche à 250–300 g

Sud

1/2 l kaltes Wasser
1 Knoblauchzehe
Pfefferkörner und etwas Meersalz
2 Schalotten
Dill- und Petersilienstiele
etwas Weißwein

Gemüsenudeln

je 100 g Zucchini, Melanzani, Karotten, in dünne breite Streifen geschnitten
Salz und Pfeffer
1 EL Butter

Rieslingsauce

1/16 l Riesling
1 KL Schalotte, fein gehackt
Salz und Pfeffer
1/16 l Obers
1 KL Butter

Die Fische mit dem Messerrücken schuppen (Bild 1), danach mit einem scharfen Messer von der Rückenseite her aufschneiden und ein Filet ablösen (Bild 2), das Rückgrad herauslösen (Bild 3) und samt dem Kopf abschneiden. Von den Filets die Rückenflossen und Bauchlappen abschneiden und restliche Gräten mit einer Pinzette entfernen (Bild 4), die Filets unter fließendem Wasser abwaschen.

Für den Sud Wasser, Schalotten, Knoblauch, Dill- und Petersilienstiele, Weißwein, Pfefferkörner und Meersalz zum Kochern bringen, die Fischfilets mit der Hautseite nach unten einlegen (Bild 5) und 3–4 Minuten zugedeckt nur ziehen lassen, danach wenden und nochmals kurz (auf den Punkt) pochieren.

Die Gemüsestreifen in Butter bissfest dünsten, würzen und warm stellen.

Für die Sauce in einer Kasserolle den Riesling auf die Hälfte reduzieren, das Obers und die fein gehackte Schalotte zugeben, mit Salz und Pfeffer würzen und zuletzt mit kalter Butter aufschlagen.

Die Fischfilets mit einem Schaumlöffel vorsichtig aus dem Sud heben und auf vorgewärmte Teller legen, die Gemüsenudeln dazu anrichten und die Fischfilets mit der Rieslingsauce umgießen.

Velouté (Samtsaucen)

Velouté bedeutet auf Deutsch „Samtsauce". Die Grundlage für jede Velouté ist immer Fond (meistens Fisch-, aber auch Gemüse-, Wild-, Geflügel- oder Kalbfond), der mit einer hellen Einmach gebunden wird. Häufig werden auch andere Zutaten in der Einmach mit angeschwitzt (z. B. Zwiebeln oder Lauch etc.). Verwandt mit der Velouté ist die Béchamelsauce, dafür wird Milch mit einer hellen Einmach gebunden. Die Rezepte für Geflügel- und Kalbsfond finden Sie auf der Seite 28f., auf den folgenden Seiten finden Sie die Grundrezepte für Gemüse- und Fischfond sowie natürlich jenes für die Velouté.

Velouté

Zutaten für ca. 1 l

120 g Butter
2,5 l Fischfond (s. S. 46)
(oder auch Kalb-, Geflügel-, Wild- oder Gemüsefond)
8 EL Mehl, glatt
Obers

Die Butter in einem schweren Topf bei schwacher Hitze zerlassen. Das Mehl hinzufügen und unter ständigem Rühren mit einem Schneebesen 1–2 Minuten zu einer hellen Einbrenn anschwitzen. Den Fond unter ständigem Schlagen hinzufügen. Die Temperatur erhöhen und die Sauce unter Schlagen zum Kochen bringen. Danach die Temperatur zurücknehmen und den Topf halb von der Kochstelle ziehen, so dass die Flüssigkeit nur auf einer Seite leise köchelt. Auf der anderen Seite bildet sich eine Haut aus Trübstoffen. Diese regelmäßig mit einem Löffel abschöpfen. Die Sauce mindestens 45 Minuten köcheln lassen, um sie zu reduzieren und den Geschmack nach rohem Mehl zu beseitigen. So viel Obers unter die reduzierte Velouté rühren, bis die gewünschte Konsistenz erreicht ist.

Tipp: Eine Velouté wird besonders fein und konzentriert, wenn man sie unter gelegentlichem Abschöpfen bei niedriger Temperatur mehrere Stunden leise köcheln lässt.

Gemüsefond

Zutaten für ca. 800 ml

2 Schalotten
1 Petersilienwurzel
100 g Butter
5 Stk. Champignons
2 Lorbeerblätter
Petersilie
500 ml Wasser
2 Karotten
1 Sellerieknolle
2 Stangen Lauch
Paradeisermark
1 KL Pfefferkörner
50 ml Madeira
250 ml Weißwein

Schalotten, Karotten, Petersilienwurzel und Sellerie sorgfältig putzen und in kleine Würfel schneiden, in der heißen Butter goldgelb anrösten.
Lauch und Champignons ebenfalls putzen und klein schneiden, mit den restlichen Zutaten dazugeben und kurz mitrösten. Mit Madeira ablöschen, etwas einkochen lassen. Weißwein und Wasser dazugießen, zugedeckt ca. 1 Stunde auf kleiner Flamme kochen lassen, dann durch ein Sieb gießen.
Den Fond im offenen Topf etwas einkochen lassen. Nicht salzen, damit der Fond bei starkem Einreduzieren nicht zu salzig wird.

Tipp: Dieser Fond kann zum Lösen von Bratensatz nach dem Anbraten von Fleisch verwendet werden. Anschließend noch etwas einkochen lassen und mit Rahm oder kalter Butter binden. Man kann den Fond auch pur einkochen lassen und anschließend mit Butter, Sauerrahm oder Crème fraîche binden. Auch diesen Fond können Sie auf Vorrat zubereiten, portionsweise einfrieren und bei Bedarf zum Verfeinern von Bratensäften verwenden.

Petersiliensauce, weiss

Zutaten für ca. 250 ml

250 g Petersilienwurzel
250 ml Fisch- oder Gemüsefond
50 g Butter, kalt
Zitronensaft
20 g Butter
125 ml Obers
Salz

Petersilienwurzel schälen, klein schneiden, in 20 g Butter anlaufen lassen, mit Fond und Obers aufgießen, um die Hälfte einkochen lassen. Unter Beigabe von 50 g kalter Butter mit dem Mixstab pürieren, mit Salz und Zitronensaft abschmecken.

Tipp: Passt mit Fischfond sehr gut zu Hechtnockerln usw., mit Gemüsefond zu gekochtem Fleisch.

Fischfond (Zubereitung siehe rechts)

Zutaten für 1,5 l

1,5 kg Karkassen
3–4 Schalotten
(nur das Weiße)
2 Petersilienwurzeln
2 Karotten
1/2 l trockener Weißwein
3 Lorbeerblätter
15 weiße Pfefferkörner
60 ml Olivenöl
2 Stangen Lauch
1/2 Fenchelknolle
1 Stange Staudensellerie
4 Knoblauchzehen
2 l Eiswasser (mit Eiswürfeln)
3–4 Stängel Thymian

Karkassen sind die Abschnitte von Fischen, wie Gräten und Köpfe. Für Fischfond sollte man stets magere, weißfleischige Fische verwenden (z. B. Goldbrasse oder Wolfsbarsch bei Meeresfischen, Zander, Forelle, Saibling etc. bei Süßwasserfischen). Um einen klaren, hellen Fond zu erhalten, ist es wichtig, dass eventuelle Schuppen gänzlich entfernt werden!

Tipp: Da man meistens nur eine geringe Menge Fischfond zur Zubereitung bestimmter Speisen benötigt, empfiehlt es sich, den Fond einzufrieren. In Gefrierbeutel für Eiswürfel oder Eiswürfelschalen abgefüllt, lässt sich der Fond gut portionieren.

Petersiliensauce, grün

Zutaten für ca. 200 ml

1/2 Bund Petersilie
250 ml Fisch- oder Gemüsefond
50 g Butter, kalt
Zitronensaft
10 g Butter
125 ml Obers
Salz

Petersilie waschen, abzupfen und blanchieren, dann in 10 g Butter anlaufen lassen, mit Fond und Obers aufgießen. Um die Hälfte einkochen lassen. Unter Zugabe von 50 g kalter Butter mit dem Mixstab pürieren, zuletzt mit Salz und Zitronensaft abschmecken.

Tipp: Passt mit Fischfond ebenso sehr gut zu Hechtnockerln usw., mit Gemüsefond zu gekochtem Fleisch.

1. Kiemen aus den Köpfen entfernen (würden den Fond bitter machen). Bei Schuppenfischen unbedingt Schuppen entfernen, damit der Fond klar wird.

2. Karkassen grob zerkleinern, in eine Schüssel unter fließendes Wasser stellen, so lange kalt gründlich abspülen, bis das Wasser glasklar und frei von Trübstoffen bleibt, dann gut abtropen lassen.

3. Olivenöl in einer geeigneten Kasserolle erhitzen und die Karkassen darin langsam und unter Wenden 3–4 Minuten anziehen lassen, ohne dass sie Farbe annehmen.

4. Gemüse waschen, putzen, schälen und in kleine Stücke schneiden. Knoblauch leicht andrücken und nicht schälen, alles dazugeben und kurz mitrösten.

5. Mit Weißwein ablöschen und ca. 10 Minuten köcheln lassen.

6. Eiswasser zugeben und bei schwacher Hitze zum Kochen bringen, damit sich die Aromastoffe voll entfalten können.

7. Gewürze zugeben, diese runden den Fond im Geschmack ab.

8. Während des Köchelns mit einem Schaumlöffel immer wieder die Trübstoffe und Schwebepartikel abschöpfen (nur so erhält man einen klaren Fischfond).

9. Nach ca. 30 Minuten ist der Fond fertig und wird durch ein feines Spitzsieb oder ein Passiertuch geschöpft.

Sauce Aurora

Zutaten für 150 ml

60 cl Velouté (s. S. 44; mit Fischfond)
60 g Butter, kalt
10 cl Paradeisermark
Salz und Pfeffer

In die Velouté das Paradeisermark einrühren und aufkochen lassen. Die Kasserolle von der Kochstelle nehmen und die kalte Butter hineinrühren. Mit Salz und Pfeffer würzen, abschmecken.

Tipp: Diese Sauce wird zu Fisch serviert.

Sauce Bercy

Zutaten für 150 ml

30 g Schalotten, fein geschnitten
30 cl Weißwein
etwas Zitronensaft
1 KL Petersilie, fein geschnitten
1 EL Butter
60 cl Velouté (s. S. 44; mit Fischfond)
60 g Butter, kalt

In einer Kasserrolle die Schalotten in der Butter glasig braten und mit Weißwein aufgießen. Die Flüssigkeit kochen lassen, bis sie auf etwa ein Drittel des ursprünglichen Volumens reduziert ist. Die reduzierte Flüssigkeit mit der Velouté verrühren, dann kochen lassen, bis die Sauce so weit reduziert ist, dass sie einen Löffel überzieht. Die Kasserolle von der Kochstelle nehmen, dann etwas Zitronensaft, die kalte Butter und die Petersilie unter die Sauce rühren.

Tipp: Diese Sauce wird zu pochiertem Fisch serviert.

Sauce Bretonne

Zutaten für 200 ml

30 g Lauch
30 g Jungzwiebeln
1 EL Butter
30 g Stangensellerie
30 g Champignons
60 cl Velouté (s. S. 44; mit Fischfond)

Geputztes und in dünne Streifen geschnittenes Gemüse und Champignons in Butter anschwitzen, bis sie weich sind. Veloutē einrühren und abschmecken.

Tipp: Diese Sauce passt ebenfalls sehr gut zu pochiertem Fisch.

Sauce Bretonne (vorne), Sauce Aurora (Mitte) und Sauce Bercy (hinten)

Rieslingsauce

Zutaten für ca. 500 ml

20 g Schalotten
10 g Mehl, glatt
100 ml Weißwein
100 ml Obers
Schnittlauch, fein geschnitten
30 g Butter
300 ml Fischfond
30 g Crème fraîche
Salz und Pfeffer

Klein geschnittene Schalotten in heißer Butter anlaufen lassen, mit dem Mehl stauben und so lange rühren, bis das Mehl hellgelb ist. Nun mit Fischfond und Weißwein aufgießen und mit dem Schneebesen durchschlagen, damit keine Klümpchen entstehen. Crème fraîche und Obers unterziehen, mit Salz und Pfeffer abschmecken. Mit Schnittlauch bestreut servieren.

Tipp: Passt hervorragend zu gebratenem Fisch.

Sauce Chivry

Zutaten für 100 ml

60 cl Velouté (s. S. 44; mit Geflügelfond)
4 EL grob geschnittene Kräuter (Rosmarin, Kerbel, Zitronenthymian und Pimpinelle)
etwas Geflügelsuppe
30 cl Weißwein
60 g Kräuterbutter
Salz und Pfeffer

Die Velouté mit etwas Geflügelsuppe aufkochen. Kräuter in 30 cl Weißwein geben, das Gefäß zudecken und mindestens 10 Minuten ziehen lassen, dann die Flüssigkeit durch ein Sieb gießen und unter die Velouté rühren. Die Sauce so lange köcheln lassen, bis sie nur noch drei Viertel des ursprünglichen Volumens hat. Von der Kochstelle nehmen und die Kräuterbutter mit einem Schneebesen einrühren, abschmecken.

Tipp: Diese Sauce passt zu gekochtem Geflügel.

Sauce Poulette

Zutaten für 250 ml

60 cl Velouté (s. S. 44; mit Kalbsfond)
4 Eidotter
Saft von 1/2 Zitrone
Salz und Pfeffer
3 EL kalte Velouté
3 EL Obers
60 g Butter

In einer Kasserolle die Velouté aufkochen, dann von der Herdplatte nehmen. 3 EL kalte Velouté mit Eidotter, Obers und Zitronensaft verrühren. Diese Mischung unter die aufgekochte Velouté ziehen. Die Kasserolle bei geringer Hitze wieder auf die Herdplatte stellen und die Sauce rühren, bis sie anfängt, dick zu werden (auf keinen Fall aufkochen lassen!). Anschließend die Kasserolle von der Kochstelle nehmen und die Butter einrühren, abschmecken.

Tipp: Diese Sauce wird oft zu gekochtem Kalbfleisch serviert.

Sauce Chivry (links) und Sauce Poulette (rechts)

Béchamelsauce (Sauce béchamel)

Zutaten für ca. 1 l

1 l Milch
1 kleine Zwiebel, gespickt
70 g Butter
Muskat
1 kleines Bouquet garni
zerdrückte Pfefferkörner
70 g Mehl, glatt
Salz

Milch und Kräutersträußchen, gespickte Zwiebel und einige zerdrückte Pfefferkörner ca. 15 Minuten ziehen, danach auskühlen lassen. Aus aufgeschäumter Butter und Mehl eine Einmach herstellen, überkühlen lassen. Mit ausgekühlter, abgeseihter Milch aufgießen und glatt rühren, ca. 20 Minuten unter ständigem Rühren kochen lassen. Mit Muskat und Salz würzen, wenn nötig, passieren.

Krensauce (Sauce au raifort)

Zutaten für ca. 600 ml

40 g Butter
250 ml Milch
Salz
Muskat
20 g Butter
40 g Mehl, glatt
250 ml Obers
Zucker
100 g Kren, fein gerissen

Aus Butter, Mehl und Milch wie oben beschrieben, eine Béchamelsauce zubereiten. Geriebenen Kren sowie eine Prise Salz, Zucker und Muskat beigeben, kalte Butterflocken unterheben. Diese Sauce wird vorwiegend zu gekochtem Rind- und Lammfleisch serviert.

Tipp: Man kann anstatt der Milch (wie für klassische Béchamelsauce) auch Fond verwenden.

Ein Bouquet garni ist ein Kräutersträußchen, das je nach Verwendungszweck variiert werden kann.

Sauerampfer-Sauce

Zutaten für ca. 400 ml
20 g Butter
25 g Mehl, glatt
3 EL Sauerampferblätter, fein geschnitten
375 ml Fisch- oder Gemüsefond
Salz und Pfeffer
Ingwer, gemahlen
150 g Crème fraîche
Petersilie, fein gehackt

Butter zerlassen, Mehl unter Rühren so lange darin erhitzen, bis es hellgelb ist. Sauerampferblätter dazugeben und andünsten lassen. Fisch- oder Gemüsefond hinzugießen und mit einem Schneebesen durchschlagen, damit keine Klümpchen entstehen. Die Sauce unter Rühren etwa 10 Minuten kochen lassen, mit Salz, Pfeffer und Ingwer würzen. Crème fraîche untermischen. Die Sauce kurz erhitzen, jedoch nicht mehr kochen lassen und mit Petersilie bestreuen.

Tipp: Sauerampfersauce eignet sich sehr gut als Beilage zu gedünstetem Fisch oder Fleisch bzw. zu gekochten Eiern.

Käsesauce (Sauce Mornay)

Zutaten für ca. 600 ml
50 g Butter
50 g Mehl, glatt
500 ml Milch
60 ml Obers
3 Eidotter
50 g Parmesan, frisch gerieben
Salz und Pfeffer

Aus Butter, Mehl und Milch eine Béchamel zubereiten (s. S. 52). Zuletzt Obers und Eidotter verrühren, die Sauce damit legieren und mit dem geriebenen Parmesan vermischen. Mit Salz und Pfeffer abschmecken.

Tipp: Für hell gratinierte Gerichte (wie Eier, Fische, helles Fleisch, Geflügel und Gemüse) sehr gut geeignet.

Buttersaucen werden gerne zu Spargelgerichten gereicht.

Buttersaucen (warm aufgeschlagen)

Die klassische Buttersauce ist die „Beurre blanc" (weiße Buttersauce), dafür 10 cl Weißweinessig und 10 cl Weißwein mit 3 fein gehackten Schalotten in einer Kasserolle einkochen, bis ein Sirup entsteht. Zwei Esslöffel Obers zugeben und aufkochen. 400 g kalte Butterstücke mit dem Mixstab nach und nach einschlagen.
Klassische Buttersaucen können Sie auf vielerlei Art und Weise aromatisieren (mit Senf, Safran, Kräutern, Orangensaft und -schale, mit etwas Trüffelsaft etc. Kräuter-Buttersaucen gelingen am besten, wenn man zuerst aus Wein und Kräutern einen Sud zieht, den man dann weiterverarbeitet, so bleiben Aroma und Farbe erhalten. Wichtig ist, dass die Butter mit den Kräutern, zum Beispiel Basilikum, Kerbel, Estragon oder Sauerampfer, vorher gut gemixt und vor Gebrauch kaltgestellt wurde.
Zu den Klassikern unter den Buttersaucen gehören die Sauce hollandaise, die Sauce mousselin und die Sauce béarnaise.
Sie eignen sich nicht nur als Beilagensaucen, sondern auch zum Überziehen und Überbacken von Gemüse, Innereien, Fleisch und Fisch. Es können auch andere Saucen damit verfeinert werden. Wichtig dabei ist, dass die Gerichte nach der Zugabe der Buttersaucen nicht mehr aufgekocht werden, da die Sauce sonst aufgrund der Eidotter gerinnt.

Sauce Hollandaise

Zutaten für ca. 250 ml

200 g Butter
2 EL Wasser
1/16 l klare Gemüsesuppe oder Spargelfond (Wasser, Zucker, Salz, Pfeffer, etwas Butter)
2 Eidotter
1/2 KL Salz
Saft von 1/2 Zitrone

1. Die Butter schmelzen und auf ca. 40 °C erwärmen. Den Schaum abschöpfen bzw. abgießen (klären).

2. Eidotter, Wasser und Suppe (oder Spargelfond) sowie Salz und Zitronensaft in einen Schneekessel geben, diesen über Dampf stellen (über einen Topf mit kochendem Wasser).

3. Die Zutaten im Schneekessel über Dampf sehr schaumig schlagen.

4. Die geklärte Butter unter ständigem Schlagen langsam in die Masse einfließen lassen und zu einer sämigen, dicklichen Sauce aufschlagen, zuletzt abschmecken.

Sauce Mousseline

Zutaten für ca. 200 ml

200 g Butter
2 EL trockener Weißwein
(oder kräftige Hühnersuppe)
3 EL Obers
2 Eidotter
Salz und Pfeffer
Saft von 1/2 Zitrone

Die Butter schmelzen und auf ca. 40 °C erwärmen, den Schaum abschöpfen. In einem Schneekessel die Eidotter, den Weißwein sowie Salz und Zitronensaft über Dampf sehr schaumig schlagen. Die geklärte Butter unter ständigem Schlagen langsam in die Masse einfließen lassen und zu einer sämigen, dicklichen Sauce aufschlagen. Zuletzt das Obers vorsichtig unterrühren und abschmecken.

Sauce Béarnaise

Zutaten für 4 Portionen

1/4 l Wasser
5 Pfefferkörner
1 EL Zwiebeln, fein geschnitten
200 g Butter
1 KL Petersilienblätter
1 KL Estragonessig
einige Estragonstiele
2 EL Estragonblätter, fein geschnitten
2 Eidotter
Salz

Wasser, Essig, Pfefferkörner, die klein geschnittenen Estragonstiele und die Zwiebel aufkochen, auf 4 EL Flüssigkeit reduzieren und abseihen. Die überkühlte Reduktion und die Eidotter in einem Schneekessel über Dampf schaumig schlagen. Die Butter schmelzen (auf ca. 40 °C), langsam unter die Eidottermasse ziehen und dabei die Masse ständig aufschlagen (es muss eine sämige, dickliche Sauce entstehen). Zuletzt den Estragon und die Petersilie untermengen, mit Salz würzen und abschmecken.

Tipp: Die Sauce kann durch Beigabe von etwas Paradeisermark oder Senf geschmacklich verändert werden. Die Sauce passt auch ausgezeichnet zu Grillgerichten (Fleisch, Fisch).

Basilikumsauce

Zutaten für ca. 200 ml

200 g Butter
3 Eidotter
Salz und Pfeffer
65 ml Weißwein
1 EL Paradeisermark
Basilikum

Butter erhitzen, überkühlen lassen, in ein anderes Gefäß gießen, so dass die Molke zurückbleibt (klären). Eidotter und Weißwein über Dunst aufschlagen. Vorsichtig Butter einrühren. Paradeisermark und fein gehacktes Basilikum dazugeben, verrühren. Mit Salz und Pfeffer abschmecken, warm servieren.

Tipp: Eine ideale Zugabe zu Spargel.

Sauce Mousseline (unten), Sauce Béarnaise (rechts) und Sauce Hollandaise (vorne)

Selbstständige warme Saucen

Selbstständige Saucen basieren auf einem Grundprodukt (z. B. Gemüse, Kräuter, Pilze, Aromaten usw.). Aus ihnen lassen sich kaum oder nur in geringem Umfang Abwandlungen machen.

Currysauce zu Hühnerkeulen mit Petersilienflan

Zutaten für 4 Portionen

8 Hühnerkeulen
1 l Geflügelfond

Petersilienflan

100 g Petersilienblätter
Salz und Pfeffer
1 Msp. Koriander
Butter zum Anschwitzen
100 g Butter
1 Msp. Cayennepfeffer
3 Schalotten
2 Eier

Currysauce

300 ml Obers
1 EL kalte Butter
1 KL Curry
Salz und Pfeffer

Butter zum Ausstreichen
Currykraut zum Garnieren

Die Hühnerkeulen putzen und waschen, danach im Geflügelfond ca. 30 Minuten weich kochen. Die Petersilienblätter waschen und trocken tupfen, die Schalotten schälen und klein schneiden. Vier kleine Auflaufformen mit Butter ausstreichen und kalt stellen, das Backrohr auf 160 °C vorheizen.

Für den Petersilienflan die Petersilienblätter in einer Küchenmaschine mit etwas Geflügelfond und 100 g Butter, Salz, Pfeffer und Cayennepfeffer fein aufmixen, die Schalotten in etwas Butter anschwitzen, auskühlen lassen und in das Petersilienpüree rühren. Die Eier trennen, Eiklar zu steifem Schnee schlagen, Dotter und Koriander zum Petersilienpüree dazugeben und gut verrühren. Den Schnee unterheben, in die vorbereiteten Auflaufformen füllen und im Backrohr in einem Wasserbad 15 Minuten pochieren.

Für die Currysauce Obers erhitzen, mit Curry, Salz und Pfeffer würzen und mit kalter Butter montieren. Mit etwas Geflügelfond aufgießen und auf die Hälfte einkochen lassen. Die Currysauce auf vorgewärmte Teller gießen; die Hühnerkeulen aus dem Fond nehmen und in die Sauce stellen. Den Petersilienflan aus dem Backrohr nehmen, aus den Formen stürzen und ebenfalls in die Sauce setzen. Zuletzt das Gericht mit Currykraut garnieren.

Lauchsauce

Zutaten für ca. 300 ml

1 Stange Lauch
150 ml Suppe
Salz und Pfeffer, frisch gemahlen
1 kleine Zwiebel
250 ml Obers
Zitronensaft

Lauch putzen, waschen und in feine Streifen schneiden, anschließend in Salzwasser überkochen, abseihen, abschrecken und gut abtropfen lassen. Zwiebel schälen, fein hacken und in der Suppe aufkochen, anschließend Obers zugießen und die Sauce cremig einkochen. Vor dem Servieren die Hälfte des Lauchs zugeben und die Sauce feinst pürieren. Den restlichen Lauch untermischen. Sauce nochmals aufkochen und mit Salz, Pfeffer und Zitronensaft abschmecken.
Tipp: Eine wahre Gaumenfreude zu Putenbraten.

Linsensauce

Zutaten für ca. 250 ml

70 g Linsen
1/2 Zwiebel, fein gehackt
1 Schuss Weißwein
125 ml Obers
Majoran
etwas Essig
1 EL Butter
125 ml Suppe
Salz und Pfeffer

Die Linsen über Nacht in Wasser einweichen und anschließend darin mit etwas Salz und einem Schuss Essig weich kochen und abseihen. Zwiebel fein hacken, mit den Linsen in Butter anschwitzen, den Weißwein und die Suppe zugießen und aufkochen, Obers zugeben und ein wenig eindicken lassen. Die Sauce pürieren und mit Salz, Pfeffer und Majoran abschmecken.
Tipp: Zu Gemüsestrudel reichen.

Petersiliensauce

Zutaten für ca. 380 ml

Petersilie, fein gehackt
30 g Mehl, glatt
125 ml Obers
Salz und weißer Pfeffer
30 g Butter
250 ml Hühnersuppe
1 Eidotter

Die Petersilie waschen, abtropfen lassen, die Blätter von den Stielen zupfen und fein hacken. Butter schmelzen und das Mehl darin etwas anschwitzen lassen. Hühnersuppe und Obers langsam dazugießen, mit einem Schneebesen gut verrühren und aufkochen lassen. Nach ca. 10-minütigem Köcheln vom Herd nehmen und Eidotter unterrühren, mit Salz und Pfeffer abschmecken und die Petersilie untermischen.
Tipp: Die Sauce heiß zu Erdäpfelauflauf servieren.

Kalbsleberwurstsauce zu Erdäpfel-Sauerkrautsäckchen

Zutaten für 6 Portionen

Fülle

300 g Erdäpfel, gekocht
50 g Zwiebel
1 EL Petersilie, gehackt
etwas Muskatnuss, gerieben
2 Dotter
Salz und Pfeffer aus der Mühle
50 g Bauchspeck
200 g Sauerkraut, gekocht
etwas Majoran
Kümmel, gemahlen
125 ml Milch

6 Strudelteigblätter (25 x 25 cm, 125 g, TK-Ware)
Öl oder Butter zum Bestreichen und für das Backblech

Sauce

250 l Rindsuppe
2 EL Obers
100 g feine Kalbsleberwurst
1 EL Butter

Für die Fülle Erdäpfel schälen und in kleine Würfel schneiden, Speck und Zwiebeln fein schneiden, in einer Pfanne die Zwiebeln mit dem Speck kurz anschwitzen, danach auskühlen lassen. Die Zwiebel-Speckmischung, das Sauerkraut, die Gewürze und die Erdäpfelwürfel gut vermischen. Die Dotter mit der Milch verrühren, mit der Erdäpfelmasse vermischen, mit Salz und Pfeffer würzen und anziehen lassen.
Die Strudelteigblätter auf eine Arbeitsfläche legen, ein Backblech mit etwas Öl bestreichen, je etwas Erdäpfelfülle in die Mitte der Strudelteigblätter setzen, rundum mit lauwarmem Wasser bepinseln, alle vier Ecken hochziehen, Säckchen formen und fest verschließen, die Säckchen auf das Backblech setzen und im auf 170 °C vorgeheizten Backrohr 20–25 Minuten backen.
Für die Sauce in einer Kasserolle die Rindsuppe mit der Kalbsleberwurst mit einem Schneebesen glatt rühren und zum Kochen bringen, danach mit Obers und Butter verfeinern.

Die Strudelteigsäckchen aus dem Backrohr nehmen, leicht mit Öl oder flüssiger Butter bepinseln, in der Mitte durchschneiden und auf vorgewärmten Tellern mit der Kalbsleberwurstsauce anrichten.

Morchelsauce für Nudelgerichte

Zutaten für ca. 300 ml

1 kl. Zwiebel, fein gehackt
100 g frische Morcheln (oder 20 g getrocknete)
200 ml Obers
1 EL Butter
1 EL Mehl, glatt
100 ml Weißwein
Salz und Pfeffer

Fein gehackte Zwiebel in Butter glasig anschwitzen lassen, die klein gehackten Morcheln beigeben, ebenfalls anrösten, anschließend mit Mehl stauben und weiterrösten. Mit Wein und Obers aufgießen und etwas einkochen lassen, mit Salz und Pfeffer abschmecken.

Pfeffersauce

Zutaten für ca. 200 ml

1 kleine Zwiebel
1 EL Weinbrand
125 ml Obers
Öl
1 EL grüne Pfefferkörner
125 ml Suppe
Salz und Pfeffer

Zwiebel und Pfefferkörner in etwas erhitztem Öl anschwitzen lassen, mit Weinbrand ablöschen und mit Suppe aufgießen. Obers zugießen und die Sauce cremig einkochen lassen. Mit Salz und Pfeffer abschmecken.

Pilzsauce

Zutaten für ca. 500 ml

1 kg Eierschwammerln oder Steinpilze
100 g Butter
6 EL Obers
Pfeffer, frisch gemahlen
1 Zwiebel, fein geschnitten
Salz
3 EL Mehl
Petersilie, fein gehackt

Die Pilze feinblättrig schneiden, fein geschnittene Zwiebel in heißer Butter anschwitzen, die Pilze beigeben, würzen und bei starker Hitze rasch halbweich dünsten. Mehl und Obers gut verrühren, zu den Pilzen geben, kurz durchkochen und ca. 10 Minuten ziehen lassen. Mit gehackter Petersilie bestreut zu Semmelknödeln servieren.

Champignon-Zwiebel-Sauce zu Donaukarpfen

Zutaten für 4 Portionen

4 Karpfenfilets (à ca. 200 g)
Salz und Pfeffer
Fett oder Öl zum Braten
Saft von 1 Zitrone
etwas Mehl

Sauce

1 Zwiebel
abgeriebene Schale von
1 unbehandelte Zitrone
1 EL Mehl
Salz und Pfeffer
200 g Champignons
2 EL Paradeisermark
125 ml Sauerrahm
125 ml Weißwein
Petersilie

Karpfenstücke mit Zitronensaft beträufeln, kurz ziehen lassen, dann salzen und pfeffern.
In Mehl tauchen (rundum gut andrücken) und in heißem Fett (Öl) leicht anbraten, aus der Pfanne nehmen und warm halten.
Für die Sauce die fein gehackte Zwiebel im Bratenfett hell rösten, gesäuberte und blättrig geschnittene Champignons mitrösten, etwas Zitronenschale und das Paradeisermark beigeben. Sauerrahm mit dem Mehl versprudeln, die Sauce damit eindicken, dann mit Weißwein (und zusätzlich eventuell etwas Wasser) angießen, gut verrühren, damit die Sauce schön sämig wird, kurz aufkochen und mit Salz und Pfeffer abschmecken.
Die angebratenen Karpfenstücke einlegen und zugedeckt noch etwa 10 Minuten ziehen lassen, auf vorgewärmten Tellern anrichten, mit fein gehackter Petersilie bestreuen und servieren.
Tipp: Als Beilage passen z. B. Erdäpfel oder Reis.

Roquefortsauce

Zutaten für ca. 200 ml

1/2 Zwiebel, fein gehackt
1 Schuss Weißwein
100 g Roquefortkäse
1 Bund Schnittlauch
1 EL Butter
100 ml Milch
Salz und Pfeffer

Zwiebel schälen und klein schneiden. In einem Topf die Butter aufschäumen und die Zwiebel darin glasig anschwitzen lassen, mit Weißwein ablöschen. Mit der Milch aufgießen, aufkochen lassen, den Käse einbröckeln. Die Käsesauce mit der Küchenmaschine oder mit dem Mixstab aufmixen, mit Salz und Pfeffer abschmecken. Den Schnittlauch waschen, fein schneiden und kurz vor dem Servieren einrühren.

Tipp: Schmeckt besonders gut zu einem Käseauflauf.

Rosmarinsauce

Zutaten für ca. 250 ml

2–3 Rosmarinzweige
125 ml Wasser
1 EL Mehl, glatt
1–2 EL Sherry (medium)
Paprika, edelsüß
20 g Butter
125 ml Obers
2 EL kaltes Wasser
Salz und Pfeffer

Rosmarin abspülen, trocken tupfen, Nadeln abzupfen und klein schneiden, in der Butter andünsten. Wasser und Obers dazugießen, verrühren, etwas einkochen lassen. Mehl mit Wasser verrühren, unter Rühren in die Flüssigkeit geben, etwa 5 Minuten köcheln lassen. Sherry unterrühren, die Sauce mit Salz, Pfeffer und Paprika abschmecken. Eine Delikatesse zu gebratenem Fisch!

Sardellensauce

Zutaten für ca. 200 ml

6 Sardellenfilets
Petersilie, klein gehackt
30 g Mehl, glatt
Zitronensaft
3 EL Sauerrahm oder Obers
1 kl. Zwiebel, fein geschnitten
30 g Butter
125 ml Rindsuppe
Salz und Pfeffer

Sardellenfilets klein schneiden, Zwiebel und Petersilie in aufgeschäumter Butter glasig dünsten, mit dem Mehl stauben und leicht anrösten. Mit Rindsuppe aufgießen, mit dem Schneebesen glatt rühren und gut verkochen lassen. Dann die Sauce passieren und die klein geschnittenen Sardellenfilets hineingeben. Mit Zitronensaft, Salz und Pfeffer abschmecken. Vor dem Servieren mit etwas Sauerrahm oder Obers verfeinern. Diese Sauce passt hervorragend zu Kalbsleber natur.

Paradeiser-Wodka-Sauce zu Spaghetti

Zutaten für 4 Portionen

400 g Spaghetti
1 EL Olivenöl

Sauce

2 Knoblauchzehen, fein gehackt
50 g Butter
3 EL Paradeisermark
Salz, Basilikum
Pfeffer
3 EL Wodka
1 Zwiebel, fein gehackt
1 Pfefferoni
250 ml klare Rindsuppe
Oregano
250 g QimiQ, gekühlt
1–2 EL Cognac

Spaghetti in Salzwasser mit Olivenöl al dente kochen.
Für die Sauce Knoblauch und Zwiebel in Butter glasig dünsten, Pfefferoni (von weißen Adern befreit und feinst gehackt) und Paradeisermark dazugeben. Mit Suppe aufgießen, würzen, gut vermischen und kurz aufkochen. Mit kaltem, gut verrührtem QimiQ verfeinern, Sauce mit Wodka und Cognac abrunden und zu den gekochten Spaghetti servieren.

Tipp: Sehr gut schmeckt zu diesem Spaghettigericht Gurkensalat oder Blattsalat.

QimiQ-Vorteile:
QimiQ ersetzt Sahne teilweise oder ganz und ermöglicht somit cremigen Genuss bei weniger Fett. Mit QimiQ zubereitete Saucen können Sie problemlos mit Alkohol oder Zitrone verfeinern. Auch ein Aufkochen und wieder Erwärmen der Sauce ist möglich, ohne dass diese gerinnt.

Zitronensauce

Zutaten für ca. 200 ml

1/2 Zwiebel
40 g Mehl, glatt
Petersilie, klein gehackt
Salz und Pfeffer
40 g Butter
150 ml Rindsuppe
1/2 Knoblauchzehe
Zitronenschale und -saft nach Belieben

Fein gehackte Zwiebel in der Butter glasig anlaufen lassen, mit dem Mehl stauben und kurz durchrösten. Mit Suppe aufgießen, zu dicklicher Sauce verkochen lassen, mit Knoblauch, Salz und Pfeffer würzen. Zum Schluss mit der fein gehackten Zitronenschale und dem Zitronensaft abschmecken, mit Petersilie bestreuen.

Tipp: Schmeckt sehr gut zu Fisch.

Karotten-Thymiansauce zu Steinpilzknödeln

Zutaten für 4 Portionen

Knödel

2 Semmeln vom Vortag
2 EL Lauch, fein geschnitten (nur den grünen Teil)
300 g Steinpilze, geputzt und in Würfel geschnitten
1 EL Mehl
125 ml Milch
2 Eier
1 Dotter
1 EL Butter
1 EL Petersilie, fein geschnitten
Salz und Pfeffer

Sauce

1 Karotte
125 ml Obers
1 EL Thymianblätter
Thymianzweige für die Garnitur
etwas Butter
1 EL Crème fraîche
Salz und Pfeffer

Die Semmeln in kleine Würfel schneiden, die Milch zum Kochen bringen, den Lauch zugeben, einmal aufkochen lassen und über die Semmelwürfel gießen. Die Butter in einer Bratpfanne erhitzen, die Steinpilze zugeben, gut durchschwenken, danach die Petersilie zugeben und auskühlen lassen. Eier und Eidotter in einer Schüssel mit dem Schneebesen schaumig schlagen und mit den Steinpilzen und dem Mehl zu den Semmelwürfeln geben, mit Salz und Pfeffer würzen und gut vermischen. Sollte die Masse zu trocken sein, noch etwas lauwarme Milch zugeben. Die Masse 10 Minuten ziehen lassen, danach mit nassen Händen 8 gleich große Knödel formen und diese in leicht gesalzenem Wasser ca. 20 Minuten kochen.

Für die Sauce die Karotte schälen und in dünne Streifen schneiden. In einer Kasserolle etwas Butter erhitzen, die Karottenstreifen kurz andünsten. Obers zugeben, danach Crème fraîche und Thymianblätter zugeben. Mit Salz und Pfeffer würzen und auf die gewünschte Konsistenz einkochen. Die Pilzknödel mit einem Schaumlöffel aus dem Wasser heben und mit der Sauce auf heißen Tellern anrichten, mit Thymian garnieren.

Schnittlauchsauce I

Zutaten für ca. 400 ml

1/2 Zwiebel, fein gehackt
60 ml Weißwein
250 ml Obers
Zitronensaft
30 g Butter
500 ml Hühnersuppe
Salz und Pfeffer
Schnittlauch, fein geschnitten

Zwiebel in Butter anschwitzen lassen, mit dem Weißwein ablöschen und mit der Hühnersuppe aufgießen. Auf die Hälfte einkochen lassen, dann das Obers zugießen und die Sauce cremig einkochen lassen. Mit Pfeffer, Salz und Zitronensaft abschmecken und den Schnittlauch einrühren.

Tipp: Zu Gemüsestrudel servieren.

Schnittlauchsauce II

Zutaten für ca. 250 ml

125 ml Suppe
Salz und Pfeffer
1 Becher Crème fraîche
Schnittlauch

Die Suppe aufkochen lassen, Crème fraîche einrühren und die Sauce ca. 1 Minute köcheln lassen. Mit Salz und Pfeffer abschmecken, den fein geschnittenen Schnittlauch untermischen.

Tipp: Zu Gemüsestrudel servieren.

Semmelkren

Zutaten für 4 Portionen

4 Semmeln vom Vortag
1 KL Zucker
Muskat
10 g Butter
2 EL Obers
375 ml Rindsuppe, entfettet
Salz und Pfeffer
etwas Zitronensaft
80 g Kren, fein gerissen

Die Semmeln in kleine Würfel schneiden, mit kochender Rindsuppe übergießen und mit einem Schneebesen so lange rühren, bis ein dicker Brei entsteht. Mit Zucker, Salz, Pfeffer, Muskat und Zitronensaft abschmecken und die Butter dazurühren. Erst zum Schluss den gerissenen Kren untermischen, nicht mehr kochen lassen. Vor dem Servieren noch mit dem Obers verfeinern.

Tipp: Als Beilage zu gekochtem Rindfleisch einfach ein Klassiker!

Paradeisersauce

Zutaten für ca. 1 l

1 kg Paradeiser
1 Knoblauchzehe
Zucker
2 Gewürznelken
40 g Mehl, glatt
etwas Wasser oder Suppe
80 g Zwiebeln
Salz
Pfeffer, frisch gemahlen
40 g Butter
Essig oder Zitronensaft

Die Paradeiser waschen, den Fruchtansatz ausschneiden, in kleine Stückchen schneiden und mit ca. 250 ml Wasser, klein gehackten Zwiebeln und zerdrücktem Knoblauch sowie mit den Gewürzen etwa 30 Minuten zugedeckt kochen lassen, anschließend passieren. Aus aufgeschäumter Butter und Mehl eine helle Einbrenn bereiten, mit den passierten Tomaten aufgießen, glatt rühren und bei Bedarf mit etwas Wasser oder Suppe aufgießen. Zu gewünschter Saucenkonsistenz einkochen lassen, zuletzt mit Zucker, Salz, Pfeffer und Zitronensaft oder Essig abschmecken.

Paradeisercremesauce für Nudelgerichte

Zutaten für ca. 150 ml

1 Schalotte, fein gehackt
1 EL Paradeisermark
Salz und Pfeffer, frisch gemahlen
30 g Butter
125 ml Crème fraîche
Zitronensaft

Fein gehackte Schalotte in der Butter glasig andünsten, Paradeisermark hinzufügen und kurz mit erhitzen, Crème fraîche einrühren und etwas köcheln lassen. Mit Salz, Pfeffer und Zitronensaft abschmecken.

Paradeiser-Stangensellerie-Sauce zu gefülltem Zucchini

Zutaten für 2 Portionen

1/4 Zwiebel
200 g gemischtes Faschiertes
1 KL frische Majoranblätter
Salz und Pfeffer
etwas Olivenöl
2 Eier
etwas Senf
2 mittelgroße Zucchini

Sauce

2 Paradeiser
4 Basilikumblätter
etwas Olivenöl
1 Prise Zucker
1/16 l Gemüsefond
1 Stück Stangensellerie
1/2 Knoblauchzehe
1 KL Paradeisermark
Salz und Pfeffer
Basilikumkronen zum Garnieren

Zwiebel schälen und fein schneiden, danach in Olivenöl anschwitzen und auskühlen lassen. Das Faschierte in einer Schüssel mit den Eiern und dem Majoran vermengen, Zwiebel zur Fleischmasse geben, mit Senf, Salz und Pfeffer würzen und gut vermischen.
Die Zucchini waschen und in 8 gleich große Stücke schneiden, mit einem Parisienneausstecher nur so tief aushöhlen, dass ein Boden bleibt (die Abschnitte können für Suppen oder Saucen verwendet werden). Die faschierte Masse in die Zucchini füllen, die Zucchini auf ein leicht geöltes Backblech setzen und im auf 180 °C vorgeheizten Backrohr auf der untersten Schiene 20 Minuten braten.
Für die Sauce die Paradeiser einritzen, in heißes Wasser tauchen, schälen und in kleine Würfel schneiden, den Stangensellerie und die Basilikumblätter waschen und klein schneiden, den Knoblauch schälen und ganz klein schneiden. In einer Kasserolle etwas Olivenöl erhitzen, die Selleriestücke zugeben und kurz durchrösten, danach die Paradeiserwürfel, das Paradeisermark und die Basilikumblätter zugeben und zuletzt mit Knoblauch, Zucker Salz und Pfeffer würzen, falls erforderlich, mit Gemüsefond aufgießen und 10 Minuten langsam köcheln lassen.
Die Zucchini aus dem Backrohr nehmen und auf vorgewärmten Tellern mit der Paradeiser-Stangensellerie-Sauce anrichten und mit Basilikumkronen garnieren.

Brennnesselschaum zu Gemüsestrudel

Zutaten für 4 Portionen

2 Strudelteigblätter, 60 x 40 cm (TK-Ware)
250 g Melanzani
1/2 Stange Lauch
1/2 Zucchini
100 g Butter
250 ml Milch
1 Ei zum Bestreichen
2 Karotten
200 g Stangensellerie
50 g Paprikaschoten
2 Erdäpfel, gekocht
150 g Mehl
Salz und Pfeffer
Fett für das Backblech

Sauce

250 g junge Brennnessel
1 EL Obers
2 EL Crème fraîche

Das Gemüse waschen und putzen (Bild 1) und in dünne Streifen schneiden, die gekochten Erdäpfel schälen und ebenfalls in dünne Streifen schneiden. In einer Kasserolle die Butter zergehen lassen, das Mehl zugeben und mit einem Schneebesen glatt rühren, danach die Milch eingießen und mit dem Schneebesen rasch weiterrühren. Einmal aufkochen lassen, würzen und danach von der Kochstelle nehmen, kurz auskühlen lassen und anschließend mit dem Gemüse und den Erdäpfeln in einer Schüssel vermischen.

1

2

Die Strudelblätter auf ein feuchtes Tuch auflegen, die Gemüsemasse gleichmäßig darauf verteilen (Bild 2) und einen Strudel einrollen. Den Strudel mit Ei bestreichen, auf ein befettetes Backblech legen und im auf 175 °C vorgeheizten Backrohr 35 Minuten backen

Für die Sauce die Brennnesselblätter von den Stielen zupfen und waschen, zweimal kurz blanchieren, danach im Mixglas oder mit einem Stabmixer mit etwas Obers aufmixen, Crème fraîche zugeben, etwas erhitzen und mit Salz und Pfeffer würzen. Den Brennnesselschaum auf vorgewärmten Tellern anrichten, den Strudel aus dem Backrohr nehmen, in gleich große Stücke schneiden, auf den Brennnesselschaum setzen und sofort servieren.

Zwiebelsauce I

Zutaten für ca. 1 l

750 g Zwiebeln
Salz und weißer Pfeffer
40 g Mehl, glatt
125 ml Crème fraîche
60 g Butter
Muskatnuss
1 l Suppe

Zwiebeln nudelig schneiden, 5 Minuten blanchieren, abtropfen lassen, mit Butter, Salz, Pfeffer, Muskatnuss würzen und weich dünsten, danach mixen. Mehl trocken rösten, mit Suppe aufgießen, glatt rühren und verkochen lassen. Dann mit dem Zwiebelpüree vermischen, abschmecken und mit Crème fraîche vollenden.

Zwiebelsauce II

Zutaten für 500 ml

200 g Zwiebeln
50 g Schweineschmalz
500 ml Rindsuppe
2 EL Zitronensaft
3 EL Zucker
30 g Mehl, glatt
Salz und Pfeffer
etwas Essig

Zwiebeln in feine Ringe schneiden, Zucker in der Hälfte des heißen Schmalzes hellgelb rösten, Zwiebeln dazugeben und ebenfalls hellbraun rösten. Im restlichen Schmalz das Mehl braun rösten, mit Suppe aufgießen und mit dem Schneebesen glatt rühren. Nun die gerösteten Zwiebeln beigeben und die Sauce ca. 20 Minuten verkochen lassen, anschließend passieren und mit Salz und Pfeffer sowie Zitronensaft und einem Spritzer Essig abschmecken.

Käsesauce

Zutaten für 4 Portionen

100 g Gorgonzola
125 ml Milch
2 Eidotter
150 g Gouda
125 ml Obers
Salz und Pfeffer

Den Gorgonzola durch ein Sieb streichen, den Gouda grob reiben. Milch und Obers zum Kochen bringen. Die beiden Käsesorten mit einem Schneebesen unterrühren und unter ständigem Rühren köcheln lassen, bis sich der Käse aufgelöst hat. Zum Schluss die beiden Eidotter unterrühren, mit Salz und Pfeffer abschmecken.

Kapernsauce zu Königsberger Klopsen

Zutaten für 4 Portionen

Klopse

1 kleine Zwiebel
etwas Butter
1 KL Majoran
1/2 KL Senf
1 EL Petersilie, gehackt
1/2 Knoblauchzehe
150 g Teigwaren, gekocht
etwas Paprikapulver
2 Eier
800 g gemischtes Faschiertes

Sauce

1/2 Schalotte
etwas Kapernsaft
1 EL Crème fraîche
3 EL Kapernbeeren
8 Erdäpfel, gekocht
1 KL Butter
1/8 l Obers
Salz und Pfeffer
1 KL Estragon, gehackt

Die Zwiebel schälen und fein schneiden, den Knoblauch schälen und fein schneiden, in einer Bratpfanne die Butter zergehen lassen, die Zwiebel darin anschwitzen und auskühlen lassen. Die Teigwaren fein schneiden, alle Zutaten außer dem Faschierten in einer Schüssel gut verrühren, danach das Faschierte zugeben und wieder durchmischen, anschließend aus der Masse mit nassen Händen kleine Knödel (Klopse) formen. In einem Kochtopf reichlich Wasser zum Kochen bringen, leicht salzen, die Klopse einlegen und 10–12 Minuten ziehen lassen.

Für die Sauce die Schalotte schälen und fein schneiden, die Butter erhitzen, die Schalotte zugeben, anschwitzen und mit dem Kapernsaft ablöschen, mit Obers aufgießen, Crème fraîche einrühren und mit Salz und Pfeffer würzen. Die Kapernbeeren und den Estragon zugeben und beiseite stellen.

Die Klopse mit einem Schaumlöffel aus dem Wasser heben, gut abtropfen lassen und auf vorgewärmten Tellern anrichten, mit der Kapernsauce umgießen und mit den Erdäpfeln servieren.

Holundersauce zu Lammkoteletts mit Honig-Brioche-Kruste

Zutaten für 4 Portionen

12 Lammkoteletts, zugeputzt
Öl zum Braten
50 g Honig
4 Rosmarinzweige zum Garnieren
Salz und Pfeffer
1 EL Dijonsenf
50 g Briochebrösel

Sauce

2 Schalotten
1 kleine Karotte
1 Paradeiser
2 EL Portwein
2 Wacholderbeeren
1 cl Spätburgunder
2 EL Holundersirup
1 Knoblauchzehe
1/4 Sellerieknolle
Öl zum Braten
50 g Holunderbeeren, verlesen
4 EL Lammfond
Salz und Pfeffer

Für die Sauce Schalotten und Knoblauch schälen und in kleine Würfel schneiden, Karotte und Sellerieknolle waschen, schälen und in kleine Stücke schneiden, den Paradeiser in kleine Würfel schneiden. In einer Bratpfanne etwas Öl erhitzen, das Gemüse (ohne Paradeiser) darin gut anbraten und mit Portwein ablöschen, Holunder- und Wacholderbeeren zugeben, die Paradeiserwürfel zugeben und gut durchrösten, mit Lammfond und Spätburgunder aufgießen und würzen, zuletzt den Holundersirup zugießen. Die Sauce nach ca. 30 Minuten durch ein feines Sieb gießen und beiseite stellen.

Die Lammkoteletts mit Salz und Pfeffer würzen und in Öl beidseitig leicht anbraten, danach im auf 170 °C vorgeheizten Backrohr 5 Minuten fertig braten, anschließend herausnehmen und mit Senf und Honig einstreichen. In eine feuerfeste Form legen und mit den Bröseln bestreuen, im Backrohr bei 200 °C Oberhitze bräunen lassen.

Den Bratensaft der Koteletts zur Sauce geben, kurz einkochen lassen und würzen. Die Lammkoteletts auf Tellern anrichten und mit der Holundersauce umgießen, zuletzt mit Rosmarinzweigen garnieren.

Basilikumsauce zu Gemüsebiskuitroulade

Zutaten für 6–8 Portionen

Biskuit

250 g Mehl, glatt
2 Dotter
1 Prise Salz
1/2 Melanzani, in Würfel geschnitten
4 Eier
1/16 l Öl
2 Jungzwiebeln, in Würfel geschnitten
1 Zucchini, in Würfel geschnitten

Fülle

2 Karotten
6 Kirschparadeiser
100 g Fisolen
1/16 l Gemüsesuppe
je 1/2 rote, gelbe und grüne Paprikaschote
1 Knoblauchzehe
2 EL Olivenöl
Salz und Pfeffer

Basilikumsauce

250 ml Obers
2 Basilikumblätter, geschnitten
1 EL Paradeisersauce
Salz und Pfeffer

Für das Biskuit Eier trennen, Eidotter mit Öl und Salz über einem Wasserbad schaumig schlagen, danach in Eiswasser kalt schlagen. Eiklar zu steifem Schnee schlagen, Mehl über den Eischnee sieben, Eidottermasse vorsichtig darüber verteilen, mit einem Kochlöffel unterheben und gut vermischen, die Masse gleichmäßig auf ein Backpapier streichen, die Gemüsewürfel daraufstreuen. Anschließend im auf 170 °C vorgeheizten Backrohr ca. 12 Minuten goldbraun backen, danach herausnehmen, mit einem zweiten Backpapier abdecken, wenden und das mitgebackene Papier abziehen, mit Hilfe des neuen Backpapieres eine Rolle formen. Die Rolle mit dem Schluss nach unten im Kühlschrank auskühlen lassen.

Für die Fülle das Gemüse in Würfel schneiden, in einer Bratpfanne das Olivenöl erhitzen, Gemüsewürfel je nach Festigkeit zugeben, kurz anbraten, durchschwenken und mit Gemüsesuppe dünsten, mit Salz, Pfeffer und fein gehacktem Knoblauch würzen, danach gut auskühlen lassen

Für die Sauce Obers erhitzen, Paradeisersauce und Basilikum zugeben und mit Salz und Pfeffer würzen

Die Biskuitroulade aus dem Papier rollen, mit der Gemüsefülle bestreichen, wieder einrollen und bei 140 °C für 2–3 Minuten erhitzen, danach in gleich große Stücke schneiden, je zwei Stücke auf vorgewärmten Tellern anrichten und mit der Basilikumsauce umgießen.

Kräutersauce zu Erdäpfelstrudel

Zutaten für 8–10 Portionen

500 g Blätterteig (TK-Ware)
Öl für das Backblech
2 EL Milch zum Bestreichen

Fülle

1/2 kg Erdäpfel
100 g Bauchspeck
2 Dotter
Salz und Pfeffer
Muskatnuss, gerieben
1 Frühlingszwiebel
1/2 Bund Petersilie
1 Ei
125 g Crème fraîche
etwas Thymian, gerebelt

Kräutersauce

1/8 l Obers
je 1 EL Kräuter wie Schnittlauch, Kerbel, Estragon, gehackt
1 EL Crème fraîche
Salz und Pfeffer

Den Blätterteig laut Packungsanleitung antauen lassen, die Erdäpfel kochen und blättrig schneiden, die Frühlingszwiebel waschen, putzen und fein schneiden, den Bauchspeck in kleine Würfel schneiden, die Petersilie waschen und fein hacken. Alle Zutaten für die Fülle in einer Schüssel gut vermischen und beiseite stellen. Den Blätterteig dünn ausrollen (60 x 40 cm), Erdäpfelmasse dünn auf den Teig auftragen, die Seitenränder einschlagen und mit Milch bestreichen, den Teig mit der Erdäpfelmasse zu einem Strudel einrollen und mit dem Schluss nach unten auf das geölte Backblech legen. Danach im auf 200 °C vorgeheizten Backrohr ca. 40 Minuten backen.

Für die Sauce in einer Kasserolle Obers und Crème fraîche erhitzen. Die Kräuter zugeben, mit Salz und Pfeffer würzen, mit einem Mixer kurz aufmixen und beiseite stellen.

Strudel aus dem Backrohr nehmen, in gewünschte Portionen teilen und auf vorgewärmten Tellern anrichten. Zuletzt mit der Kräutersauce umgießen.

Weinsauce für Nudelgerichte

Zutaten für ca. 250 ml
1 kleine Zwiebel, fein gehackt
1 EL Butter
100 ml Weißwein
200 ml Crème fraîche
Salz und Pfeffer
Kräuter nach Belieben

Fein gehackte Zwiebel in Butter glasig dünsten, mit Weißwein ablöschen, Crème fraîche unterziehen und sämig einkochen lassen, mit Salz und Pfeffer abschmecken. Vor dem Servieren klein gehackte Kräuter untermischen.

Italienische Sauce

Zutaten für ca. 250 ml
1 Zwiebel
50 g Butter
200 g Champignons (oder andere Pilze)
1/2 Bund Petersilie
1 Knoblauchzehe
1 Essiggurkerl
Kapern
Salz und Pfeffer
Senf
1 EL Paradeisermark
125 ml Rotwein
125 ml Rindsuppe

Die fein geschnittene Zwiebel in Butter anrösten, blättrig geschnittene Pilze und fein gehackte Petersilie dazugeben und kurz dünsten, gehacktes Essiggurkerl, gepressten Knoblauch und klein geschnittene Kapern untermischen. Mit Senf, Paradeisermark, Salz und Pfeffer abschmecken und mit Rotwein und Suppe aufgießen, zur gewünschten Konsistenz einkochen lassen.

Tipp: Diese Sauce schmeckt besonders gut zu kurz gebratenem Schweinefleisch.

Kalte Saucen

Kalte Saucen können in schier unzähligen Abwandlungen hergestellt werden, dementsprechend viele Rezepte gibt es dazu. Was wäre die Wiener Küche z. B. ohne Oberskren oder Apfelkren, ohne Schnittlauchsauce!

Die Senf-Dill-Sauce z. B. zu Lachs und viele andere gerührte oder eingekochte Saucen werden Sie bald nicht mehr von bestimmten Gerichten wegdenken können. Und zu Wild passen nicht nur die klassischen Preiselbeeren, vielleicht empfinden Sie eine Cumberlandsauce sogar harmonischer dazu.

Viele dieser Saucen kann man schon vor der Zubereitung der Hauptspeisen vorbereiten, im Kühlschrank ziehen sie inzwischen gut durch.

Kalte Saucen auf Mayonnaise-Basis

Von den kalten Saucen ist die Mayonnaise die wichtigste. Nach den klassischen Rezepten enthält sie ca. 80 % Fett. Ihr Fettgehalt ist somit höher als der von Butter.

Aufgrund eines höheren Ernährungsbewusstseins bemüht man sich heute oft, diesen hohen Fettanteil soweit wie möglich herabzusetzen.

Man kann durch geschickten Einsatz verschiedener Streckmittel, neutraler Fonds, Wasser, Stärke usw. den hohen Fettanteil herabsetzen und durch gutes Würzen die Mayonnaise wieder zum vollen Geschmack bringen.

Allerdings darf nur so viel Streckmittel verwendet werden, dass die Mayonnaise im Wert nicht allzu sehr herabgesetzt wird.

TARTAR-
SAUCE
PIKANTE-
SAUCE
ASPIK-
MAYONNAISE

Mayonnaisen sind Emulsionen von Öl in Wasser, bei denen Eidotter als Emulgator verwendet wird. Weitere Bestandteile sind Essig, Zitronensaft, Salz, Zucker und Gewürze (Salz, Pfeffer, scharfer Senf, Worcestershiresauce). Wichtig für das Gelingen der Mayonnaise ist, dass al e Zutaten Zimmertemperatur aufweisen.

Variante 1 (mit dem Schneebesen): Zunächst werden die Eidotter mit Salz, Pfeffer, etwas Flüssigkeit (Zitronensaft, Essig) verrührt; dann wird das Öl unter ständigem Rühren zugegeben (anfangs ist es wichtig, dass das Öl nur tropfenweise zugegeben wird, damit die Emulsion gut erfolgen kann; später kann die Ölzugabe auch in einem dünnen Strahl erfolgen, da die Masse dann nicht mehr zum „Umkippen" (Gerinnen) neigt.

Variante 2: (mit dem Stabmixer): Ganze Eier mit den restlichen Zutaten zusammen in ein hohes Gefäß geben, den Stabmixer ganz nach unten auf den Boden des Gefäßes geben, einschalten und langsam nach oben mixen.

Die Konsistenz und Haltbarkeit einer Mayonnaise ist abhängig

- vom Ölgehalt: je höher der Ölgehalt, desto fester die Konsistenz
- von der Verteilung der Öltröpfchen
- von der Flüssigkeitszugabe
- von der Temperatur
- vom Säureanteil

Mayonnaise-Grundrezept

Zutaten für ca. 250 ml

2 frische Eidotter
1 KL Senf
Zitronensaft oder Estragonessig
250 ml Öl
Salz und Pfeffer
1 Prise Zucker

Die Eidotter mit Senf verrühren (dann gerinnt die Mayonnaise nicht so leicht), Salz, Pfeffer und einige Tropfen Zitronensaft (oder Essig) dazugeben und mit dem Schneebesen verrühren. Dann tropfenweise das Öl einrühren, bis die Mayonnaise unter ständigem Rühren die gewünschte Festigkeit erreicht hat.

Falls die Mayonnaise gerinnt (z. B. durch Verwendung von zu kalten Zutaten oder durch zu schnelles Einrühren des Öls), verrührt man in einem anderen Gefäß einen frischen Eidotter und fügt die geronnene Mayonnaise unter ständigem Rühren tropfenweise bei.

Die fertige Mayonnaise kann mit einer dicken, kalten Béchamelsauce verlängert werden, man kann Mayonnaise jedoch auch mit Obers, Sauerrahm, Joghurt oder Essiggurkerlwasser verdünnen. Verschiedenste Mayonnaisesaucen erhält man, wenn man der fertigen Mayonnaise diverse Beigaben zusetzt, z. B. Essiggurkerln, Gemüse, Kapern, Knoblauch, feinst gehackte Kräuter, Paradeisermark, Ketchup oder Zwiebeln.

Cocktailsauce

Zutaten für ca. 380 ml

250 ml Sauerrahm
2 EL Ribiselgelee
Zitronensaft
1 KL Curry
125 ml Mayonnaise
2 EL Ketchup
einige Tropfen Weinbrand
Salz und Pfeffer

Sauerrahm, Mayonnaise, Ribiselgelee und Ketchup glatt rühren, mit einigen Tropfen Zitronensaft und Weinbrand aromatisieren und mit Curry, Salz und frisch gemahlenem Pfeffer abschmecken.

Tipp: Diese Sauce wird z. B. für Shrimpscoctails verwendet.

Currysauce

Zutaten für ca. 100 ml

3 EL Mayonnaise
Curry
1 EL Mixed Pickles, fein gehackt
3 EL Sauerrahm
Salz und Pfeffer

Alle Zutaten gut vermischen, mit Salz und Pfeffer abschmecken.

Eier-Kräuter-Sauce

Zutaten für ca. 125 ml

3 EL Mayonnaise
Salz und Pfeffer, frisch gemahlen
1 Gewürzgurkerl, fein geschnitten
Kräuter, fein gehackt
3 EL Sauerrahm
2 Eier, hart gekocht
1 Knoblauchzehe, zerdrückt

Mayonnaise und Rahm gut abmischen und mit Salz und Pfeffer abschmecken. Die gehackten Eier, das fein geschnittene Gewürzgurkerl, die zerdrückte Knoblauchzehe und die fein gehackten Kräuter untermischen.

Kardinalsauce

Zutaten für ca. 150 ml

1 Eidotter
125 ml Öl
etwas Zitronensaft oder Essig
1 EL Tafelkren
50 ml Weinbrand
1 KL Senf
Salz und Pfeffer
3 EL Hot-Ketchup
Senf

Eidotter mit Senf verrühren, tropfenweise unter ständigem Rühren das Öl dazugeben, mit den übrigen Zutaten vermischen und pikant abschmecken.

Sauce Tatar

Zutaten für 750 ml

1/2 l Mayonnaise
1 EL Schnittlauch, in dünne Röllchen geschnitten
etwas Essiggurkerl-Essig
60 g Zwiebeln, fein geschnitten
2 Gewürzessiggurken
1 EL Kapernbeeren, klein geschnitten

In einer Schüssel alle Zutaten verrühren und nach persönlichem Geschmack entsprechend abschmecken.
Tipp: Diese Sauce wird zu gebackenem Fisch serviert!

Feuersauce, mexikanisch

Zutaten für ca. 150 ml

2 EL Ketchup
6 EL Mayonnaise
Chilipulver
1 Prise Zucker
1 EL Paprikamark
1 EL Chilisauce
Cayennepfeffer

Ketchup, Paprikamark, Mayonnaise und Chilisauce gut verrühren, mit Chilipulver und Cayennepfeffer nach Geschmack „feurig" würzen, eventuell mit einer Prise Zucker geschmacklich abrunden.

Kapernsauce

Zutaten für 750 ml

1 Phiole Kapern
4 EL Mayonnaise
Zitronensaft
1 Prise Zucker
2 kleine Zwiebeln
2 EL Joghurt
Salz und Pfeffer

Kapern und Zwiebeln fein hacken, mit den übrigen Zutaten verrühren und abschmecken.

Teufelssauce

Zutaten für ca. 250 ml

125 ml Mayonnaise
etwas scharfes Ketchup
Salz und Pfeffer
60 ml Obers
60 ml Joghurt
Paprikapulver, scharf
1 Kirschpfefferoni

Mayonnaise mit Joghurt und Ketchup gut verrühren, mit Gewürzen abschmecken. Fein gehackten (entkernten und von weißen Adern befreiten) Kirschpfefferoni untermengen und vor dem Servieren steif geschlagenes Obers unterziehen.

Grüne Sauce

Zutaten für ca. 125 ml
einige frische Spinatblätter
Petersilie
Kresse
Estragon
125 ml Mayonnaise
1 Knoblauchzehe
Salz und Pfeffer

Spinatblätter und Kräuter waschen, trocken tupfen, fein schneiden, mixen und mit der Mayonnaise sowie dem zerdrückten Knoblauch vermischen, mit Salz und Pfeffer abschmecken.

Kräuter-Essig-Sauce

Zutaten für ca. 300 ml
1 Eidotter
1 KL Senf
125 ml Öl
125 ml Sauerrahm
2 EL Balsamico-Essig
2 EL Schnittlauch
2 EL Petersilie
1 EL Dill
Salz und Pfeffer

Eidotter mit Senf verrühren, tropfenweise unter ständigem Rühren das Öl dazugeben. Anschließend Sauerrahm und Essig sowie die klein geschnittenen Kräuter einrühren, mit Salz und Pfeffer abschmecken.

Pfeffersauce

Zutaten für ca. 150 ml
2 EL grüne Pfefferkörner aus dem Glas
4 EL Mayonnaise
4 EL Magertopfen
Salz
eventuell 2 EL Obers

Die Pfefferkörner sehr klein hacken und mit der Mayonnaise sowie dem Topfen gut abrühren; mit Salz nach Geschmack würzen. Kurz vor dem Servieren eventuell noch 2 EL geschlagenes Obers unterziehen, damit die Sauce „luftiger“ wird und mit einigen grünen Pfefferkörnern garnieren.

Kräutermayonnaise

Zutaten für ca. 250 ml

250 ml Mayonnaise
je 1 EL Schnittlauch, Petersilie, Dill, Thymian, Kerbel, Estragon
Obers

Kräuter klein schneiden und im Mixer pürieren, unter die Mayonnaise rühren, zum Schluss etwas geschlagenes Obers unterziehen.

Remouladensauce

Zutaten für ca. 300 ml

2 Eidotter, roh
2 Eidotter, hart gekocht
Zucker
2 EL Obers
1 KL Kapern
2 Sardellenfilets
3 Gewürzgurkerln
1 EL Senf
Salz und Pfeffer
250 ml Öl
2 EL Zitronensaft, gewässert
1 kleine Zwiebel
frische Kräuter

Rohe Dotter und Senf gut verrühren, hart gekochte Eidotter zerdrücken und beifügen, mit Salz, Pfeffer, Zucker würzen. Unter ständigem Schlagen tropfenweise das Öl einrühren. Obers, Zitronensaft, fein gewiegte Kapern, geraspelte Zwiebel, fein gehackte Sardellenfilets und fein gewiegte Kräuter sowie die kleinwürfelig geschnittenen Gewürzgurkerln unterziehen und abschmecken.

Aspik-Mayonnaise

Zutaten für 750 ml

3 Eidotter
1 EL Weißweinessig oder Zitronensaft
flüssiges, kaltes Aspik
(ca. 1/3 der übrigen Menge)
Salz und Pfeffer
1/2 l Olivenöl

Die Eidotter in einen Schneekessel (Schüssel) geben, mit Salz und Pfeffer glatt rühren, den Essig oder Zitronensaft hinzufügen und verrühren. Unter ständigem Schlagen (mit einem Schneebesen) Öl zuerst tropfenweise dazugeben. Sobald die Sauce anfängt dick zu werden, das restliche Öl in dünnem Strahl unter rhythmischem Schlagen dazugeben. Zuletzt das Aspik einrühren und abschmecken.

Tipp: Diese Mayonnaise dient unter anderen zum Überziehen von Chocktaileiern, Geflügel oder Pasteten für kalte Buffets.

Schnittlauchsauce zu pannonischen Krautpalatschinken

Selbstständige kalte Saucen

Im Gegensatz zu den kalten Saucen, die auf Mayonnaise basieren, haben selbstständige kalte Saucen andere „Haupt-Zutaten". Sehr oft ist das Gemüse, aber auch Gewürze, Joghurt oder Kräuter können die Grundlage bilden, manchmal sind es sogar Nüsse oder Marmelade – die Varationsmöglichkeiten sind grenzenlos!

Oberskren

Zutaten für ca. 250 ml

5 EL Kren
250 ml Obers
Zitronensaft
Salz und Zucker

Kren im Cutter ganz fein hacken, mit einigen Tropfen Zitronensaft beträufeln. Obers steif schlagen, Kren vorsichtig unterheben, mit Salz und Zucker abschmecken.

Tipp: Oberskren kurz im Kühlschrank ziehen lassen.

Schnittlauchsauce zu pannonischen Krautpalatschinken *(Foto links)*

Zutaten für ca. 4 Portionen

3 Palatschinken (Durchmesser 26 cm)

Fülle

200 g Weißkraut
100 g Bauchspeckscheiben
1/16 l Weißwein
1 KL Paprikapulver
3 EL Sauerrahm
40 g Zwiebeln
2 EL Butterschmalz
1 EL Zucker
Salz und Pfeffer

Schnittlauchsauce

1/4 l Sauerrahm
1 Ei, hart gekocht
Salz, Pfeffer, Zucker
1/8 l Crème fraîche
2 EL Schnittlauchröllchen
1 KL Essig

Für die Fülle Weißkraut putzen, vom Strunk befreien, in schmale Streifen schneiden, die Zwiebel schälen und fein schneiden. Die Hälfte der Bauchspeckscheiben in schmale Streifen schneiden. Butterschmalz erhitzen, Speck und Zwiebel kurz darin anrösten, das Kraut zugeben und mit Weißwein ablöschen, danach mit Zucker, Paprikapulver, Salz und Pfeffer würzen und weich dünsten, zuletzt den Sauerrahm zugeben.

Für die Sauce Sauerrahm und Crème fraîche glatt verrühren, das Ei durch ein Sieb drücken und mit dem Schnittlauch unter die Sauerrahm-Masse rühren, mit Salz, Pfeffer, Zucker und Essig würzen.

Eine Palatschinke mit den restlichen Speckscheiben belegen, danach Krautfülle darauf verteilen, mit der dritten Palatschinke abschließen, zu einer Rolle formen, in vier Portionen schneiden und mit der Schnittlauchsauce servieren.

Apfelkren

Zutaten für ca. 4 Portionen

1 EL Essig und etwas Wasser
1 EL Öl
Salz und Zucker
3 mittlere Äpfel
1 Stück Kren

Essig mit etwas Wasser, Öl, Salz und Zucker kurz erhitzen. Äpfel schälen und auf der feinen Reibe in das Essiggemisch reiben und gut vermengen, Kren schälen, reißen und ebenfalls damit vermengen.

Avocadosauce

Zutaten für 600 ml
2 reife große Avocados, geschält und Kerne entfernt
1 mittelgroße Paradeiser, geschält, entkernt und klein geschnitten
1/2 kleine Zwiebel, fein geschnitten
2–3 scharfe grüne Chilischoten, fein geschnitten
3–4 Stängel frischer Koriander, fein geschnitten
Salz, Pfeffer und Kristallzucker

Das Avocadofleisch mit einer Gabel zerdrücken. Mit den übrigen Zutaten vermischen und mit Salz, Pfeffer sowie Kristallzucker würzen. Die Sauce auf einen vorbereiteten Teller aufhäufen und mit einem Avocadokern garnieren.

Tipp: Wenn man die Sauce mit einem Avocadokern garniert, verhindert dies ein schnelles Dunkelwerden der Sauce.
Diese Sauce passt sehr gut zu gegrilltem Fisch.

Krensauce mit Sauerrahm

Zutaten für 400 ml
250 ml Sauerrahm
60 g Haselnüsse, geschält und fein gerieben
Salz und Kristallzucker
4 EL Obers
Saft von 1/2 Zitrone
4 EL Kren, frisch gerissen

Sauerrahm in einer Schüssel glatt rühren, Haselnüsse untermischen und mit Salz und Kristallzucker würzen. Obers und Zitronensaft zugeben und zum Schluss den Kren unterheben, abschmecken und in einer Schüssel servieren.

Tipp: Schmeckt besonders gut zu Selchwaren (z. B. zu Osterfleisch).

Avocadosauce (vorne) und
Krensauce mit Sauerrahm (hinten)

Ajvar I

Zutaten für ca. 100 ml

4 Paradeiser
1 Zwiebel
1 Knoblauchzehe
1 Schuss Wein
2 Paprika
2 Pfefferoni
Salz
etwas Öl

Paradeiser einritzen, in heißes Wasser geben, abschrecken und enthäuten, Paprika für ca. 10 Minuten in das heiße Backrohr geben und anschließend enthäuten. Zwiebel schälen und fein hacken. Klein geschnittene Paradeiser, Paprika, Pfefferoni und Zwiebel mixen (im Aufsatzmixer), Knoblauchzehe auspressen. Alles gut miteinander vermengen und mit Salz, Wein und Öl abschmecken.
Tipp: Passt vorzüglich zu gegrillten Speisen!

Basilikumsauce für Spargel

Zutaten für ca. 150 ml

4 Bund Basilikum
6 EL Öl
Salz und Pfeffer, frisch gemahlen
2 KL Balsamico-Essig
6 EL Spargelwasser
1 Prise Zucker

Basilikum waschen, Blätter von den Stielen zupfen und fein hacken, Essig, Öl und Spargelwasser dazugeben, alles mit dem Mixstab mixen. Mit Salz, Pfeffer und einer Prise Zucker würzen.
Tipp: Salatblätter auf einen Teller legen, darauf gekochten Spargel anrichten, mit dieser Sauce beträufeln und ca. 15 Minuten durchziehen lassen. 2 hart gekochte Eier in Würfel schneiden und darüberstreuen – eine delikate Vorspeise!

Cumberlandsauce

Zutaten für ca. 375 ml

1 unbehandelte Orange
125 ml Ribiselgelee
1/2 Zitrone
1 KL scharfer Senf
125 ml Rotwein
125 ml Preiselbeerkompott
etwas Ingwer, frisch gemahlen
Cayennepfeffer

Orangenschalen ganz dünn schälen (eventuell mit dem Kartoffelschäler) und in ganz schmale Streifen schneiden. Die Orange auspressen, mit dem Rotwein erwärmen und die Orangenstreifen in dieser Mischung kurz blanchieren, auskühlen lassen und mit Ribiselgelee und passiertem Preiselbeerkompott verrühren. Mit Zitronensaft, Ingwer, Senf und Cayennepfeffer abschmecken, bei Bedarf noch etwas Orangensaft unterrühren.
Tipp: Mindestens 24 Stunden im Kühlschrank ziehen lassen.

Pikante Sauce

Zutaten für 500 ml

250 g Paradeiser, geschält, entkernt und in Würfel geschnitten
2 EL Petersilie, grob geschnitten
60 g Pinienkerne
1 EL Kapern
1 Knoblauchzehe
2 Sardellenfilets
125 g Semmelbrösel
200 ml Apfelessig
200 ml Rapsöl
Salz und Cayennepfeffer

Die Paradeiser mit Petersilie, Pinienkernen, Kapern, Knoblauch und Sardellen in einen Mörser geben. Die Semmelbrösel mit 15 cl Apfelessig tränken, dann mit der Paradeisermischung verrühren und durch ein Sieb passieren. Die Masse mit dem Öl und dem restlichen Essig verdünnen und mit Salz und Cayennepfeffer würzen, abschmecken und in einer Schale servieren.

Tipp: Diese Sauce reicht man zu Schwarzwurzeln, Bohnen und Fisch.

Käsesauce mit Apfel

Zutaten für ca. 500 ml

200 ml Milch
1 Apfel
Salz nach Bedarf
250 g Blauschimmelkäse
1/2 Zitrone
1 EL Petersilie

Die Milch erwärmen, Blauschimmelkäse in kleine Stückchen brechen, unter Rühren in der Milch erwärmen, anschließend mit dem Stabmixer pürieren. Den Apfel schälen, vierteln und das Kerngehäuse entfernen, Apfelviertel in kleine Stücke schneiden. Zitrone ausdrücken, Saft über die Apfelstückchen träufeln und unter die Sauce rühren, nach Bedarf salzen und mit der gehackten Petersilie bestreuen.

Tipp: Diese Sauce schmeckt gut zu Gegrilltem.

Scharfe Thailändische Krebssauce

Zutaten für 400 ml

175 g gekochtes Taschenkrebsfleisch, zerpflückt
40 cl Kokosmilch
1/2 KL Salz
3 Schalotten, fein geschnitten
1 KL Kristallzucker
15 g getrocknete Tamarinden, in 1 EL heißem Wasser eingeweicht und anschließend durch ein Sieb passiert
2 grüne Chilischoten, in dünne Ringe geschnitten
1 EL Korianderblätter, fein geschnitten

Das Krebsfleisch mit der Kokosmilch und dem Salz in eine geeignete Kasserolle geben. Unter Rühren zum Kochen bringen, die Hitze reduzieren und bei gelegentlichem Umrühren 5 Minuten köcheln lassen. Die Schalotten, den Kristallzucker, die Tamarindenflüssigkeit und die Chiliringe hinzufügen. Unter Rühren bei niedriger Hitze weitere 5 Minuten köcheln, bis eine dicke, glatte Sauce entstanden ist. Die Sauce in eine Schüssel geben und mit dem Koriander bestreuen. Kalt servieren!
Tipp: Passt sehr gut zu gekochtem Gemüse und Reis.

Dicke Mandelsauce

Zutaten für 400 ml

1 Scheibe Toastbrot, entrindet und in kleine Würfel geschnitten
18 cl Olivenöl
60 g Mandeln, blanchiert und geschält
4–6 Knoblauchzehen
4 kleine Paradeiser, geschält, entkernt und grob geschnitten
Salz und Pfeffer
1 KL Paprikapulver
4 cl Sherry

Die Toastbrotwürfel in wenig Olivenöl in einer beschichteten Pfanne goldbraun braten. Die Würfel aus der Pfanne nehmen, dann die Mandeln und die Knoblauchzehen braten; falls nötig, noch etwas Olivenöl dazugeben. Die Mandeln und die Knoblauchzehen herausnehmen, sobald sie goldbraun sind. Die Paradeiser einige Minuten in der Pfanne braten. Alle gebratenen Zutaten in einen Mörser geben und mit Salz, Pfeffer, Paprikapulver und Sherry zu einer glatten Paste verarbeiten. Von dem restlichen Öl nach und nach so viel dazugießen, bis eine dicke Sauce entsteht.
Tipp: Diese Sauce passt gut zu Fisch und Schalentieren!

Scharfe Thailändische Krebssauce (unten) und Dicke Mandelsauce (oben)

Dicke
SCHARFE
THAILANDISCHE
KREBSSAUCE

Knoblauchsauce, französisch

Zutaten für ca. 200 ml

1 EL Semmelbrösel
5 Zehen Knoblauch
1/2 KL Salz
1 1/2 Tassen Olivenöl
1 EL Weinessig
4 Eidotter
1 Msp. Pfeffer
1 EL Zitronensaft

Semmelbrösel etwa 5 Minuten in Weinessig einweichen, frische, geschälte Knoblauchzehen dazugeben und zu einer feinen Paste zerquetschen. Unter diese Masse nacheinander die Eidotter schlagen, Salz und Pfeffer beifügen. Ist die Masse richtig dick und zäh, unter ständigem Rühren das Olivenöl tropfenweise einrinnen lassen (die Sauce sollte wie eine dicke Mayonnaise aussehen), zum Schluss Zitronensaft beifügen.

Sauce vinaigrette (Essig-Kräuter-Sauce)

Zutaten für ca. 150 ml

2 Eier, hart gekocht
1 kleine Zwiebel
1 Bund Petersilie
65 ml Öl
Salz und Pfeffer, frisch gemahlen
1 Essiggurkerl
1 KL Kapern
65 ml Essig
etwas Rindsuppe
Worcestershiresauce

Eier, Essiggurkerl, Zwiebel, Kapern und Petersilie fein hacken, mit Essig und Öl verrühren, eventuell mit etwas Rindsuppe nach Geschmack strecken. Mit Salz, Pfeffer und einigen Tropfen Worcestershiresauce abschmecken.
Tipp: Passt vorzüglich zu Spargel.

Rhabarber-Sauce

Zutaten für ca. 250 ml

250 g Rhabarber
2 EL Öl
2 EL Zucker
Ingwer, frisch gerieben
1 Zwiebel
100 ml Rotwein
1 KL Senf
1 Bund Schnittlauch

Rhabarber waschen, schälen, in 3 cm lange Stücke schneiden. Zwiebel schälen und würfeln, in heißem Öl glasig dünsten, Rhabarber zugeben und ebenfalls andünsten, Rotwein beifügen, mit Zucker abschmecken. Rhabarber zugedeckt bei sehr schwacher Hitze 5 Minuten weich kochen, dann erkalten lassen. Die Flüssigkeit vorsichtig abgießen und mit Senf verrühren, mit einem Hauch Ingwer würzen. Rhabarber (bis auf einen kleinen Rest) dazugeben, mit dem Pürierstab pürieren. Mit geschnittenem Schnittlauch bestreuen und mit dem restlichen Rhabarber garnieren.
Tipp: Diese Sauce schmeckt zu pochiertem Fisch sehr gut.

Preiselbeerkren

Zutaten für ca. 150 ml

2 EL Kren, fein gerissen
2 EL Senf
Salz
4 EL Preiselbeerkompott
Zitronensaft
125 ml Obers

Den Kren mit dem passierten Preiselbeerkompott und dem Senf mit der Schneerute sehr gut verrühren, mit Zitronensaft und einer Prise Salz abschmecken. Zum Schluss das steif geschlagene Obers unterheben.

Pfirsichsauce

Zutaten für ca. 150 ml

1 Zwiebel
2 Pfirsiche
75 ml klare Suppe
Salz
1 EL Öl
2 EL Honig
2 EL Weinessig
Pfeffer, frisch gemahlen

Zwiebel fein schneiden, im Öl glasig dünsten. Pfirsiche kurz überbrühen, enthäuten und in kleine Würfel schneiden. Pfirsichwürfel, Honig und klare Suppe zum gedünsteten Zwiebel geben, bei schwacher Hitze 5 Minuten köcheln lassen. Mit Salz, Pfeffer und Weinessig würzen und abkühlen lassen.

Honigsauce, scharf

Zutaten für ca. 250 ml

3 EL Honig
3 EL Apfelessig
1 EL Petersilie
2 Knoblauchzehen
1/2 KL Currypulver
200 ml Ketchup
1 EL Schnittlauchröllchen
1 EL Dill
1 kleine Pfefferonischote

Honig mit Ketchup, Apfelessig, Schnittlauchröllchen, fein geschnittenen Kräutern, fein gehacktem Knoblauch sowie ganz fein geschnittener Pfefferonischote und dem Currypulver gut verrühren.

Italienische grüne Sauce *(Foto rechts)*

Zutaten für 300 ml

100 g Pinienkerne
Salz
15 cl Maiskeimöl
50 g Pistazien
10 cl Weißweinessig

Die Pinienkerne und Pistazien in lauwarmem Wasser 2 Stunden lang einweichen. Dann abseihen und die Kerne in einem Mörser zu einer glatten Paste verarbeiten. Eine Prise Salz hinzufügen und mit dem Essig verdünnen. Das Öl darunterrühren.

Tipp: Passt gut zu Karfiol oder weißem Spargel!

Kräutercreme, pikant

Zutaten für ca. 350 ml

150 ml Crème fraîche
Salz und Pfeffer
1 KL Haselnusskerne
2 EL Weißwein
Kräuter nach Belieben
Worcestershiresauce

Crème fraîche mit Weißwein verrühren, kurz aufkochen lassen. Mit Salz, Pfeffer und Worcestershiresauce würzen, fein gehackte Kräuter und geriebene Haselnusskerne unterrühren.

Tipp: Diese Sauce passt zu gegrilltem Fisch oder Fleisch.

Mandel-Pfeffer-Sauce

Zutaten für ca. 350 ml

30 g Mandeln
1 KL Knoblauch, fein gehackt
1 KL Salz
250 ml Olivenöl
1 kl. Paradeiser
1/2 KL Cayennepfeffer
50 ml Rotweinessig

Blanchierte, geriebene Mandeln im auf 175 °C vorgewärmten Backrohr leicht rösten. Paradeiser mit heißem Wasser überbrühen, abschrecken, enthäuten, entkernen, sehr fein hacken. Mandeln, fein gehackten Knoblauch, Salz und Pfeffer, Paradeiserwürfel und Essig zu einer glatten Paste verrühren. Öl tropfenweise beifügen und mixen, bis die Sauce eine dicke Konsistenz aufweist.

Tipp: Passt zu gegrilltem oder gekochtem Fleisch, Fisch oder Meerestieren.

ITALIENISCHE
GRÜNE
SAUCE

Paradeiser-Joghurt-Sauce

Zutaten für 400 ml

2 EL Olivenöl
1 Zwiebel, fein geschnitten
1 Knoblauchzehe, fein geschnitten
2 große Paradeiser, geschält, entkernt und klein geschnitten
2 sehr scharfe grüne Chilischoten, klein geschnitten
1/2 KL Kristallzucker
Salz und Pfeffer
125 ml Schafmilchjoghurt (oder Kuhmilchjoghurt)
1 EL Basilikumblätter, fein geschnitten

Das Olivenöl in einer geeigneten Kasserolle erhitzen, die Zwiebeln und den Knoblauch darin glasig braten. Alle anderen Zutaten bis auf das Joghurt und die Basilikumblätter hinzugeben und bei schwacher Hitze 15 Minuten köcheln lassen. Danach abkühlen, Joghurt einrühren und abschmecken. In eine Schale füllen und mit Basilikum bestreut servieren.

Tipp: Je nach Jahreszeit können für diese Sauce auch Paradeiser aus der Dose verwendet werden!

Senf-Obers-Sauce

Zutaten für 350 ml

je 1 Stängel Petersilie, Estragon, Kerbel, Schnittlauch, Dill und Pimpinelle
2 Eidotter, hart gekocht
4–5 EL Olivenöl
2 EL Dijon-Senf
2 EL Weißweinessig
4 EL Obers
Salz

Die Kräuter in kochendem Wasser blanchieren, abseihen, in kaltem Wasser abschrecken, dann in einen Mörser geben und mit den Eidottern zusammen verarbeiten. Die Masse in eine Schüssel geben, dann nach und nach das Olivenöl, den Senf und den Essig unter ständigem Rühren einarbeiten. Zuletzt das Obers unterziehen und mit Salz würzen, abschmecken und in Schalen füllen.

Tipp: Passt gut zu gegrillten Forellen!

Senf-Obers-Sauce (vorne) und Paradeiser-Joghurt-Sauce (hinten)

SENF-
OBERS-
SAUCE

Paprika- und Pfefferonisauce zu Gemüsespiessen

Zutaten für 4 Portionen

je 1 rote, grüne und gelbe Paprikaschote
1 Zucchino
Olivenöl zum Braten
1 Knoblauchzehe
8 dünne Scheiben Bauchspeck
1 Kohlrabi
1 Zwiebel
Salz und Pfeffer
einige Basilikumblätter

Paprikasauce

je 1/2 rote und grüne Paprikaschote
125 ml Joghurt
2 EL Obers
je 1 ML edelsüßes und Rosenpaprika-Pulver
1 Knoblauchzehe, fein geschnitten
125 g Crème fraîche
1 EL Weißwein
Saft von 1/2 Zitrone
Salz und Pfeffer

Scharfe Pfefferonisauce

je 2 rote und grüne Pfefferoni
2 KL Chilisauce
etwas Knoblauch und Salz
125 ml scharfes Ketchup
1 EL Balsamico-Essig

Für die Spieße die Paprika, den Kohlrabi und den Zucchino waschen und putzen, den Kohlrabi schälen. Paprika in Stücke, Kohlrabi und Zucchino in Scheiben schneiden. Die Zwiebel schälen, vierteln und die einzelnen Schichten auseinanderlösen. Das Olivenöl erhitzen, das Gemüse darin anbraten und mit Salz, Pfeffer und fein gehacktem Knoblauch würzen, zuletzt die Basilikumblätter zugeben und danach warm stellen. Die Speckscheiben in einer beschichteten Pfanne scharf anbraten, anschließend herausnehmen und abtropfen lassen.

Für die Paprikasauce die Paprikaschoten waschen, entkernen und in feine Streifen schneiden, 3/4 der Paprikastreifen in einer kleinen Schüssel mit allen übrigen Zutaten gut vermischen, die restlichen Paprikastreifen als Garnitur darüberstreuen.

Für die Pfefferonisauce die Pfefferoni waschen, entkernen, fein hacken und mit den übrigen Zutaten gut vermengen.

Die Zwiebelschichten, das Gemüse und die Speckscheiben abwechselnd auf Spieße stecken, die Gemüsespieße auf vorgewärmten Tellern anrichten und mit den beiden Saucen servieren.

Spezielle kalte und warme Saucen

Darunter versteht man einfache kalte und warme Saucen, die nicht von einer Grundsauce abgeleitet werden. Sie sind vielfach besondere internationale bzw. Landesspezialitäten als Beilagensauce zu den verschiedensten Gerichten.

Apfelsauce (heiss)

Zutaten für 500 ml

2 Äpfel, säuerliche Sorte
Saft von 1 Zitrone
1/4 Zimtstange
200 ml Weißwein
50–70 g Kristallzucker

Äpfel waschen, vierteln, Kerngehäuse entfernen. Mit den übrigen Zutaten in einer Kasserolle zugedeckt weich dünsten. Abseihen (den Sud auffangen), Zimtstange entfernen, Sauce passieren und mit etwas Kochsud rühren (die Sauce sollte Püreekonsistenz haben), zum Schluss abschmecken.

Tipp: Wird zu Enten-, Gänse- sowie Schweinsbraten heiß serviert!

Brotsauce

Zutaten für 500 ml

4 trockene Semmeln
10 Gewürznelken
Weißbrotbrösel
125 ml Obers
1 Zwiebel
250 ml Milch
Muskatnuss und Pfeffer

Die Semmeln entrinden und fein aufreiben, Zwiebel schälen, halbieren und mit Gewürznelken spicken. Semmelbrösel und Zwiebelhälften in der Milch ca. 10 Minuten köcheln lassen, dabei öfters umrühren. Zwiebelhälften entfernen, Sauce eventuell mit frischen Weißbrotbröseln binden, Sauce glatt rühren, mit Muskatnuss und Pfeffer würzen und mit Obers vollenden und abschmecken.

Tipp: Diese Sauce wird zu Gemüse (z. B. Karfiol) serviert.

Dillsauce nach Wiener Art

Zutaten für 400 ml

1/2 Zwiebel
1 KL Mehl, glatt
125 ml Rindsuppe
5 Dillstiele, grob geschnitten
Salz, Pfeffer, Majoran, Muskatnuss und Knoblauch
1 EL Butter
125 ml Sauerrahm (Obers)
etwas Essig
1 EL Dillspitzen
1 Prise Kristallzucker

Die Zwiebel fein schneiden und in Butter anschwitzen, mit Mehl stauben, Sauerrahm einrühren und mit Suppe auffüllen. Essig und Dillstiele ca. 15 Minuten darin auskochen. Gewürze zugeben und weitere 5 Minuten köcheln lassen, Sauce durch ein feines Sieb passieren. Mit Dillspitzen und einer Prise Kristallzucker vollenden und abschmecken.

Tipp: Typische Sauce zu gekochtem Rindfleisch.

Heiße Apfelsauce (vorne),
Brotsauce (Mitte) und
Dillsauce nach Wiener Art (hinten)

Pörköltsauce (Sauce hongrois)

Zutaten für 500 ml

250 g Selchspeck
1 KL Paprikapulver
250 ml Rindsuppe
1 Knoblauchzehe, fein geschnitten
1 Zwiebel
1 EL Paradeisermark
Salz
1 KL Stärkemehl

Den Selchspeck in kleine Würfel schneiden und in einer breiten Kasserolle anlaufen lassen. Zwiebel schälen, fein schneiden und mit dem Selchspeck rösten. Paprikapulver und Paradeisermark einrühren und sofort mit Dreiviertel der Rindsuppe auffüllen (sonst wird die Sauce bitter). Mit Salz und Knoblauch würzen, danach ca. 5 Minuten leise köcheln lassen. Das Stärkemehl in der restlichen Suppe anrühren, damit die Sauce binden und zum Schluss abschmecken. Die Sauce wird nicht passiert.

Tipp: Passt zu gedünsteten Fisch-, Fleisch- und Geflügelgerichten.

Essigkren (Sauce raifort viennoise)

Zutaten für 250 ml

4 EL Kren, fein gerissen
2 EL Essig
Salz und Kristallzucker
125 ml Rindsuppe
2 EL Öl
Semmelbrösel

Kren in eine Schüssel geben, mit heißer Rindsuppe übergießen und abkühlen lassen. Danach Essig und Öl einrühren, mit Salz und Kristallzucker würzen. Eventuell mit Semmelbröseln binden und abschmecken.

Tipp: Schmeckt hervorragend zu gekochtem Rindfleisch, Kalbszunge, Schinken.

Pfefferminzsauce

Zutaten für 200 ml

20 Pfefferminzblätter
1 EL Essig
1 Prise Kristallzucker
125 ml Lammfond
Salz und Pfeffer

Die Pfefferminzblätter waschen, trocken tupfen und fein schneiden. Den Lammfond mit Essig einmal aufkochen und damit die Pfefferminzblätter übergießen. Ziehen und abkühlen lassen. Mit Salz, Pfeffer und Kristallzucker würzen und abschmecken.

Tipp: Passt sehr gut zu Lamm- und Hammelbraten.

Essigkren (vorne), Pörköltsauce (Mitte) und Pfefferminzsauce (hinten)

Salsa und Dips

Salsa

„Salsa" (span.) bedeutet auf Deutsch „Sauce". Salsa besteht meist aus Paradeiserstücken (rot und grün), Chili bzw. Peperoni, Zwiebeln, Knoblauchzehen und Pfeffer, kann aber auch mit anderen Zutaten zubereitet werden. Meist wird Salsa gekocht, obwohl sie fast immer kalt serviert wird (z. B. als Dip zu Tortillas und Tacos).

Kräuter-Salsa

Zutaten für 500 ml

500 ml trockener Weißwein
1 EL Olivenöl
1 Schalotte, fein geschnitten
30 g Brunnenkresse, fein geschnitten
2 Stängel Petersilie, fein geschnitten
1 Zweig Rosmarin oder wilder Thymian, fein geschnitten
250 ml Rindsuppe
2 Knoblauchzehen, fein geschnitten
2 Frühlingszwiebeln, fein geschnitten
3 Stängel Estragon, fein geschnitten
1 Stängel Kerbel, fein geschnitten
Salz und Pfeffer

Den Weißwein, die Suppe und das Olivenöl in einem geeigneten Topf zum Kochen bringen. Sobald die Flüssigkeit so weit eingekocht ist, dass nur noch knapp die Hälfte der Menge übrig ist, die Hitze zurückschalten und die übrigen Zutaten in den Topf geben. Die Salsa noch einmal bis zum Siedepunkt erhitzen und abschmecken.

Tipp: Schmeckt besonders gut zu Krustentieren, Muscheln oder Fisch.

Paprika-Chili-Salsa

Zutaten für 1 l

4 EL Olivenöl oder 60 g Schmalz (oder Öl und Schmalz zu gleichen Teilen)
1 Zwiebel, in große Würfel geschnitten
3 rote oder grüne Paprikaschoten, entkernt und in Streifen geschnitten
1 grüne Zucchini, in Streifen geschnitten
2 reife Paradeiser, geschält und klein geschnitten
2 Chilischoten, entkernt und fein geschnitten
Salz

Das Olivenöl oder Schmalz in einer geeigneten Pfanne erhitzen und die Zwiebelwürfel darin glasig braten, die Paprikastreifen hinzufügen. Nach ca. 7 Minuten Garzeit die Zucchinistreifen in die Pfanne geben, noch 3 Minuten weitergaren, dann die Paradeiser und Chilischoten hinzufügen. Mit Salz würzen und die Salsa bei geringer Hitze weitere 5 Minuten garen, dann abschmecken und heiß servieren.

Tipp: Diese Salsa wird zu Fleisch oder Fisch gereicht.

Paprika-Chili-Sauce (vorne) und Kräuter-Sauce (hinten)

Gurkensalsa

Zutaten für 4 Portionen

1 Salatgurke
30 g Ingwer
1 EL brauner Zucker
1 EL Sojasauce
Salz und Pfeffer
1 Stück Stangensellerie
1 rote Chilischote
2 EL weißer Balsamico-Essig
Saft von 1 Limette

Die Salatgurke und den Stangensellerie waschen, beides in gleich große Stücke schneiden, den Ingwer fein reiben, die Chilischote waschen und fein schneiden. In einer Schüssel Zucker, Balsamico-Essig, Sojasauce, Limettensaft, Ingwer und die Chilischote verrühren, die Gurken- und Selleriestücke zugeben, gut vermischen, abschmecken und 1/2 Stunde ziehen lassen.

Paradeiser-Oliven-Salsa

Zutaten für 4 Portionen

500 g Paradeiserfilets
4 EL entsteinte, schwarze Oliven
1 EL Balsamico-Essig
Salz und Pfeffer
1 weiße Zwiebel
1 EL Kapern
1 Handvoll Petersilienblätter

Die Paradeiser in gleich große Würfel schneiden, die Zwiebel schälen und ebenfalls in Stücke schneiden. Die Oliven halbieren, danach alle Zutaten in eine Glasschüssel geben, mit Salz und Pfeffer würzen und ca. 30 Minuten ziehen lassen.

Tipp: Gurkensalsa und Paradeiser-Oliven-Salsa passen sehr gut zu gegrilltem Fleisch oder Fisch und können auch einige Tage im Kühlschrank aufbewahrt werden.

Gurkensalsa (links) und Paradeiser-Oliven-Salsa (rechts)

Österzola-Walnuss-Salsa

Zutaten für 600 ml

200 g Walnüsse
20 cl Walnussöl
2 Knoblauchzehen
100 g Österzola
100 g Pinienkerne
4 EL Petersilie
ca. 30 cl heißes Wasser

Die Walnusskerne kurz in kochendem Wasser blanchieren, die sich lösende Haut mit den Fingern abschälen, die Pinienkerne in einer Pfanne ohne Öl kurz rösten. Die Walnuss- und Pinienkerne zusammen in einem Mörser zerstoßen. Die halbe Ölmenge in einem Topf erhitzen, dann die fein geschnittene Petersilie und den fein gehackten Knoblauch darin kurz braten, die zerstoßenen Walnuss- und Pinienkerne hinzufügen und ebenfalls kurz braten. Sobald sie hellbraun sind, die Mischung mit dem restlichen Öl und dem heißen Wasser verdünnen. Den Österzola fein reiben, zur Sauce geben, umrühren und abschmecken.

Tipp: Diese Salsa passt gut zu Nudeln.

Sardinen-Knoblauch-Salsa

Zutaten für 400 ml

6 Knoblauchzehen
6 Sardinen
Salz und Pfeffer
1/8 l Olivenöl
150 g Butter, in kleine Würfel geschnitten

Die Knoblauchzehen in feine Scheiben schneiden, Olivenöl in einer geeigneten Kasserolle erhitzen, Knoblauch darin braten, aber nicht braun werden lassen. Die Sardinen filetieren, entgräten und trocken tupfen, zur Öl-Knoblauch-Mischung geben und verrühren, bis sie zerfallen und eine Paste bilden. Die Kasserolle von der Kochstelle nehmen und die Butterwürfel mit einem Kochlöffel unter die Sardinenpaste arbeiten. Mit Salz und Pfeffer würzen, abschmecken und heiß servieren.

Tipp: Schmeckt besonders gut zu gekochtem Gemüse, z. B. Fenchel oder Stangensellerie.

Sardinen-Knoblauch-Salsa (links) und Österzola-Walnuss-Salsa (rechts)

Spargel-Salsa

Zutaten für 700 ml

1 Paradeiser
1/2 gelbe Paprikaschote
10 Petersilienblätter
1 EL Kristallzucker
2 EL Olivenöl
Salz und Pfeffer
1 Zwiebel
2 Basilikumblätter
2 EL Sojasauce
1 KL Chilisauce
1 EL Balsamico-Essig
20 weiße Spargelspitzen, roh

Die Paradeiser schälen, vierteln, entkernen und in kleine Würfel schneiden, Zwiebel schälen und klein schneiden, Paprikaschote von weißen Adern und Kernen befreien und in kleine Würfel schneiden, Basilikum- und Petersilienblätter waschen und fein schneiden. In einer geeigneten Schüssel Sojasauce, Kristallzucker, Chilisauce, Olivenöl, Essig, Salz und Pfeffer gut verrühren. Die Spargelspitzen in dünne Scheiben schneiden und mit den anderen zerkleinerten Zutaten zur Marinade geben, gut vermischen, abschmecken und in eine vorbereitete Schüssel füllen.

Tipp: Passt sehr gut zu gegrilltem Fisch!

Mexikanische Salsa

Zutaten für 500 ml

2 große Paradeiser
1 Zwiebel, fein geschnitten
1/2 KL Braunzucker
2 grüne Chilischoten, geputzt und fein geschnitten
2 EL Olivenöl
1 Knoblauchzehe, fein geschnitten
Salz und Pfeffer
1 EL Korianderblätter, fein geschnitten

Die Paradeiser einritzen, mit heißem Wasser überbrühen, schälen, entkernen und kleinwürfelig schneiden. Das Olivenöl in einer geeigneten Kasserolle erhitzen und darin die Zwiebeln und den Knoblauch anschwitzen. Alle anderen Zutaten bis auf die Korianderblätter hineingeben und bei geringer Hitze 15 Minuten dünsten, mit Salz und Pfeffer würzen. Schließlich die Korianderblätter unterziehen und die Salsa noch 1–2 Minuten weitergaren. Diese Salsa kann entweder heiß oder kalt serviert werden.

Tipp: Passt sehr gut zu Lammgerichten.

Spargel-Salsa (vorne), Mexikanische Salsa (Mitte) und Gemüse-Salsa (hinten)

Schinken-Kräuter-Salsa

Zutaten für ca. 300 ml

2 Schalotten
20 g Butter
1/2 EL Paradeisermark
100 g gekochter Schinken
1/2 EL Kapern
3 Champignons
1 KL Essig
250 ml Bratensaft
1 Bund Petersilie

Schalotten und Champignons fein hacken und in Butter hell anschwitzen lassen, mit Essig ablöschen, Paradeisermark hinzufügen und kurz durchrösten, dann mit Bratensaft ablöschen und durchkochen lassen. Zuletzt Schinken, Kapern und Petersilie fein hacken und in die Sauce geben, gut verrühren und die Sauce auskühlen lassen.

Tipp: Passt gut zu gekochtem oder gegrilltem Gemüse, wie Melanzani, Zucchini oder Erdäpfel.

Kräuter-Essiggurkerl-Salsa

Zutaten für ca. 300 ml

4 EL Weißwein
1/2 EL Weißweinessig
250 ml Bratensaft
1 Bund Petersilie
Salz und Pfeffer
4 EL Wasser
2 Schalotten
4 Essiggurkerln
1 Bund Estragon

Die fein gehackten Schalotten mit Weißwein, Wasser und Essig bis zur Hälfte einkochen lassen, danach mit dem Bratensaft aufgießen und verkochen lassen. Die Essiggurkerln und die Kräuter fein hacken und unter die Flüssigkeit mengen, mit Salz und Pfeffer würzen, auskühlen lassen.

Tipp: Diese Sauce passt gut zu Gegrilltem.

Schinken-Kräuter-Salsa (links) und Kräuter-Essiggurkerl-Salsa (rechts)

Heimische Gemüse-Salsa *(Bild Seite 109 oben)*

Zutaten für 1 l

150 g Kürbisfleisch (Hokkaido oder Butternut)
20 g Porree, klein geschnitten
4 Pfefferkörner, schwarz
150 g grüne Zucchini
100 g Kohlrabi
1 Knoblauchzehe
100 ml Weißweinessig
100 g Paradeiser, geschält, entkernt und in Würfel geschnitten
Salz

Kürbis, Zucchini und Kohlrabi in 1 cm große Würfel schneiden, Lauch in Ringe schneiden, das Gemüse in leicht gesalzenem Wasser bissfest kochen, abseihen und beiseite stellen. Paradeiserwürfeln und das gekochte Gemüse vermengen, den Knoblauch mit den schwarzen Pfefferkörnern in einem Mörser zerstoßen, zum Gemüse hinzufügen, alles kräftig rühren, dann den Weißweinessig dazugeben und mit Salz würzen, abschmecken und die Salsa in einer Schüssel servieren.
Tipp: Passt gut zu gekochtem Rind- oder Schweinefleisch.

Dips

Dips sind cremige Saucen, die meist in wenigen Minuten hergestellt werden können. Deshalb sind sie oft „Notprogramm", wenn überraschend Besuch auftaucht. Sie passen gut zu Kräckern, Grissini oder Ähnlichem, man kann sie aber auch zu klein geschnittenem Gemüse (Karotten, Paprika, Stangensellerie, Gurken, Zucchini) servieren. Köstlich schmecken sie zu heißen, frisch geschälten Erdäpfeln oder ganz einfach auf Brot gestrichen.
Bei der Zusammenstellung der Dips sollte man bemüht sein, möglichst verschiedene Varianten (von scharf über kräuterwürzig bis hin zu delikat-mild) zuzubereiten. Denn die Geschmäcker sind verschieden.
Besonders hübsch sieht es aus, wenn man Dips (natürlich auf ihre Zutaten abgestimmt) in ausgehöhltem Gemüse serviert, z. B. in Paprikaschoten, Zucchini-, Gurken oder Kürbishälften.

Basilikum-Apfel-Dip

Zutaten für ca. 250 ml

125 g Magertopfen
65 ml Joghurt
1/2 EL Basilikum
Zitronensaft
Salz und Pfeffer
65 ml Crème fraîche
Senf
1/2 Apfel
Ingwerpulver, frisch gerieben

Topfen, Crème fraîche, Joghurt und etwas Senf mit dem Mixer verrühren. Fein geschnittenes Basilikum, den geraspelten Apfel, Zitronensaft und Ingwerpulver unterrühren und mit Salz und Pfeffer abschmecken.

Chili-Dip

Zutaten für ca. 150 ml

1 Zwiebel
125 ml Mayonnaise
1 EL Tomatenketchup
Salz und Pfeffer
1 eingelegte Paprikaschote
1 EL Chilisauce
1/2 KL scharfes Paprikapulver

Die Zwiebel und die Paprikaschote fein hacken, dann alle Zutaten gut verrühren und pikant abschmecken.

Paprika-Dip

Zutaten für ca. 300 ml

125 g Topfen
60 ml Joghurt
1 EL Kapern
1 KL rote Pfefferkörner
Salz und Pfeffer
125 ml Crème fraîche
1 KL scharfes Paprikapulver
1 EL Kresse
Senf

Topfen, Crème fraîche und Joghurt mit dem Mixer schaumig rühren, Paprikapulver, fein gehackte Kapern, Kresse und gemahlene Pfefferkörner sowie Senf untermischen, mit Salz und Pfeffer abschmecken.

Senf-Speck-Dip

Zutaten für ca. 400 ml

150 ml Mayonnaise
75 ml Joghurt
Salz und Pfeffer
50 g durchwachsener Speck
150 g Topfen
2 KL Senfkörner
1 Prise Zucker
1/2 Schachtel Kresse

Mayonnaise, Topfen, Joghurt und zerdrückte Senfkörner verrühren. Mit Salz, Pfeffer und Zucker abschmecken. Speck in feine Streifen schneiden und bei kleiner Hitze anbraten, anschließend mit der klein geschnittenen Kresse über den Dip streuen.

Cocktail-Dip

Zutaten für ca. 280 ml

125 ml Mayonnaise
4 EL Ketchup
1–2 KL grüne Pfefferkörner
2 EL Obers
125 ml Joghurt
2 EL Weinbrand
1 EL Kren

Mayonnaise, Joghurt, Ketchup und Weinbrand gut verrühren, Pfefferkörner und fein gerissenen Kren untermischen. Vor dem Anrichten steif geschlagenes Obers unterziehen.

Curry-Zucchini-Dip

Zutaten für ca. 250 ml

2 Zucchini à ca. 180 g
3 EL Öl
2 KL Zitronensaft
Salz und Pfeffer
1 Zwiebel
3 EL Crème fraîche
2 KL Curry

Zwiebel schälen, fein schneiden, Zucchini in kleine Würfel schneiden. Zucchini- und Zwiebelwürfel im heißen Öl 3 Minuten andünsten, anschließend pürieren und Crème fraîche unterrühren. Mit Zitronensaft, Curry, Salz und Pfeffer abschmecken und mit etwas Curry bestreuen.

Dill-Dip

Zutaten für ca. 200 ml

50 ml Crème fraîche
2 KL Honig
Salz und Pfeffer
150 ml Joghurt
2 Bund Dill

Crème fraîche, Joghurt, Honig und fein gehackten Dill mit dem Schneebesen gut verrühren. Anschließend mit Salz und Pfeffer abschmecken und mit etwas Dill bestreut servieren.

Kräuter-Dip I

Zutaten für ca. 250 ml

Schnittlauch
Basilikum
Salz und Pfeffer
Petersilie
250 g Joghurt
Saft einer 1/2 Zitrone

Schnittlauch fein schneiden, Petersilien- und Basilikumblätter von den Stielen zupfen und fein hacken. Joghurt mit den Kräutern verrühren, mit Salz, Pfeffer und Zitronensaft abschmecken, mit Basilikumblättern garnieren.

Melanzani-Dip

Zutaten für ca. 200 ml

2 Melanzani à 200 g
1 EL Sesamkörner
1 Knoblauchzehe
Salz und Pfeffer
Olivenöl
1 grüne Chilischote
3 EL Öl
3 EL Essig

Melanzani halbieren, rundum mit Olivenöl bestreichen, 20 Minuten mit der Schnittfläche nach unten in den auf 180 °C vorgeheizten Backofen legen, anschließend 10 Minuten in ein feuchtes Tuch einschlagen und die Haut abziehen. Sesamkörner in einer Pfanne ohne Fett leicht rösten, Chilischote aufschlitzen und die Samenkerne und weißen Adern entfernen, anschließend Chilischote in ganz feine Ringe schneiden (unbedingt mit Gummihandschuhen arbeiten!). In Stücke geschnittene Melanzani, Chiliringe, Knoblauch, Öl und Sesam im Mixaufsatz pürieren, mit Salz, Pfeffer und Essig abschmecken.

Tipp: Diese Menge reicht als Dip für 6–8 Portionen.

Pfefferminz-Ingwer-Dip

Zutaten für ca. 200 ml

40 g Pfefferminzblätter
125 ml Obstessig
1 KL Zucker
1 Knoblauchzehe, gehackt
100 g Ingwerpflaumen, kandiert (oder Dörrpflaumen, entsteint)
1 grüner Pfefferoni
1 KL Salz
2 Schalotten
2 KL Ingwerwurzel, frisch gerieben

Pfefferminzblätter waschen, trocknen und fein hacken, Pfefferoni entkernen, waschen und ebenfalls fein hacken, Pfefferminzblätter und Pfefferoni mit Essig, Salz und Zucker zu einem Brei verrühren. Schalotten und Knoblauch schälen und fein hacken, die Pflaumen fein schneiden und mit der geriebenen Ingwerwurzel und dem Knoblauch unter den Pfefferminzbrei rühren, zuletzt die fein gehackten Schalotten zugeben. Sollte der Dip zu fest sein, mit etwas Obstessig verdünnen.

Tipp: Diese Menge reicht als Dip für 6–8 Portionen.

Melanzani-Dip (links) und Pfefferminz-Ingwer-Dip (rechts)

Gurken-Dip

Zutaten für ca. 300 ml

1/2 Salatgurke
125 ml Joghurt
Salz und Pfeffer
1/2 Bund Radieschen
125 g Topfen

Gurke und Radieschen waschen und mit dem Gemüsehobel grob raspeln. Joghurt und Topfen gut verrühren, geraspelte Gurke und Radieschen untermengen und mit Salz und Pfeffer abschmecken.

Indischer Dip

Zutaten für ca. 300 ml

125 ml Mayonnaise
1/2 Banane
1 EL Currypulver
125 ml Joghurt
1/2 Apfel
Zitronensaft

Mayonnaise mit Joghurt cremig rühren, klein geschnittene Banane und geraspelten Apfel unterheben, mit Currypulver und eventuell etwas Zitronensaft abschmecken.

Kaviar-Dip

Zutaten für ca. 280 ml

1 kleine Frühlingszwiebel
2 EL Dill
1 Prise Cayennepfeffer
125 ml Sauerrahm
einige Tropfen Zitronensaft
125 g roten Kaviar

Frühlingszwiebel (auch die grünen Spitzen) fein schneiden und alle Zutaten (außer Kaviar) in einer Schüssel gut verrühren. Zum Schluss Kaviar ganz vorsichtig unterheben.

Tipp: Passt sehr gut zu einer Rohgemüseplatte.

Kerbel-Dip

Zutaten für ca. 280 ml

200 g Doppelrahm-Frischkäse
etwas Zitronensaft
Salz und Pfeffer
1 Knoblauchzehe
Kerbel nach Geschmack
125 ml Obers

Frischkäse cremig rühren, zerdrückte Knoblauchzehe, Zitronensaft sowie die fein gehackten Kerbelblätter (einige abgezupfte Blätter zum Garnieren beiseite legen) unterziehen. Mit Salz und Pfeffer abschmecken, etwas durchziehen lassen. Vor dem Servieren das steif geschlagene Obers unterheben und mit einigen Blättern Kerbel garnieren.

Joghurtdip zu panierten Kürbisscheiben

Zutaten für 4 Portionen

600 g Kürbisfleisch
Salz und Pfeffer

Panade

2 Eier, Mehl
Semmelbrösel, mit 2 EL geschroteten Kürbiskernen vermischt
Öl zum Ausbacken

Joghurtdip

250 g Joghurt
je 1 KL Schnittlauch, Petersilie, Kresse und Kerbel, fein gehackt
Saft von 1/2 Zitrone
etwas Muskatnuss, gerieben
Salz und Pfeffer

Für den Dip Joghurt mit Kräutern, Zitronensaft, Muskatnuss, Salz und Pfeffer in einer Schüssel gut verrühren.

Das Kürbisfleisch mit einer Aufschneidemaschine in dünne Scheiben (1/2 cm) schneiden, danach mit Salz und Pfeffer würzen. Die Kürbisscheiben mit Mehl, Ei und dem Semmelbrösel-Kürbiskern-Gemisch panieren und in reichlich heißem Fett ausbacken (die Kürbisscheiben sollen im Fett schwimmen), danach herausnehmen und abtropfen lassen. Die Kürbisscheiben auf vorgewärmten Tellern anrichten und mit dem Dip servieren.

Kräuter-Dip II

Zutaten für ca. 450 ml

200 g Topfen
125 ml Joghurt
1 EL Petersilie
1 EL Schnittlauch
1 Knoblauchzehe
125 ml Crème fraîche
Senf
1 EL Dill
1 EL Basilikum
Salz und Pfeffer

Topfen, Crème fraîche, Joghurt und Senf mit dem Mixer schaumig rühren. Fein gehackte Kräuter und zerdrückte Knoblauchzehe untermischen. Mit Salz und Pfeffer abschmecken.

Kürbis-Dip

Zutaten für ca. 400 ml

150 g Kürbisfleisch
65 ml Sauerrahm
2 Knoblauchzehen
1 Essiggurkerl
65 ml Obers
100 g Magertopfen
1 kleine Zwiebel
Petersilie, fein gehackt
Salz und Pfeffer

Kürbisfleisch kleinwürfelig schneiden und in wenig Salzwasser weich dünsten. Wasser abgießen, Kürbiswürfel auskühlen lassen und mit dem Mixstab fein pürieren. Diese Masse mit Topfen, Sauerrahm, gehackter Zwiebel, zerdrücktem Knoblauch, Petersilie und dem klein geschnittenen Gurkerl vermischen. Mit Salz und Pfeffer abschmecken, zum Schluss das steif geschlagene Obers unterrühren.

Mandel-Dip

Zutaten für ca. 150 ml

4 Scheiben Toastbrot
3 Knoblauchzehen, geschält
2 EL Olivenöl
50 g Mandeln, gemahlen
2 EL Essig
Salz und Pfeffer

Toastbrot (entrindet) 10 Minuten in Wasser einweichen, dann ausdrücken. Ausgedrücktes Toastbrot, Mandeln, gehackten Knoblauch, Essig, Öl und 3 EL Wasser in eine Rührschüssel geben und mit dem Pürierstab oder dem Aufsatzmixer pürieren. Anschließend mit Salz und Pfeffer abschmecken und mit gemahlenen Mandeln bestreuen.

Apfel-Curry-Dip

Zutaten für ca. 200 ml

3 Frühlingszwiebeln
1 kleines Stück Ingwer
8 EL Öl
1 Prise Zucker
2 Äpfel
Saft von 1 Zitrone
Salz und Pfeffer
2 KL Currypulver

Die Frühlingszwiebeln putzen, waschen und in feine Ringe schneiden. Äpfel schälen und fein raspeln, Ingwer schälen und fein reiben. Zitronensaft und Öl mit Zwiebeln, Äpfeln und Ingwer vermengen, alles mit Salz, Pfeffer, Zucker und Currypulver würzen und danach zugedeckt kühl stellen.
Tipp: Der Apfel-Curry-Dip passt gut zu gegrilltem Fisch und Fleisch. Diese Menge reicht für 6–8 Portionen.

Schafkäse-Dip

Zutaten für ca. 250 ml

100 g Schafkäse
2 Knoblauchzehen
125 g Crème fraîche
Salz und Pfeffer
1 Frühlingszwiebel
3 eingelegte Kirschpaprika
etwas Milch

Schafkäse mit einer Gabel zerdrücken, Frühlingszwiebel putzen, waschen und in feine Ringe schneiden, Knoblauchzehen schälen und durch die Presse drücken, die Kirschpaprika halbieren, entkernen und klein schneiden. Crème fraîche mit Milch verrühren, zuletzt Schafkäse, Kirschpaprika, Frühlingszwiebeln und Knoblauch untermischen und mit Salz und Pfeffer würzen.
Tipp: Dieser Dip passt zu gedünstetem oder rohem Gemüse und zu Bratenfleisch. Die Menge reicht für 6–8 Portionen.

Apfel-Curry-Dip (vorne) und Schafkäse-Dip (hinten)

Kürbiskern-Dip

Zutaten für ca. 300 ml

125 ml Joghurt
1/2 kleine Salatgurke
1 Knoblauchzehe
Salz und Pfeffer
125 ml Sauerrahm
1 kleine Zwiebel
3 EL Kürbiskerne

Joghurt und Sauerrahm verrühren, Salatgurke schälen und in kleine Würfel schneiden. Fein geschnittene Zwiebel, Gurkenwürfel, zerdrückte Knoblauchzehe und 2 EL gehackte Kürbiskerne unterheben. Mit Salz und Pfeffer abschmecken. Vor dem Servieren mit den restlichen Kürbiskernen bestreuen.

Kürbiskernöl-Dip

Zutaten für ca. 300 ml

125 g Topfen
2 Frühlingszwiebeln
Petersilie
Salz und Pfeffer
Schnittlauchröllchen
125 g Sauerrahm
2 Knoblauchzehen
3 EL Kernöl
etwas Kümmel
1 EL Kürbiskerne

Topfen, Sauerrahm, fein gehackte Frühlingszwiebeln, gepressten Knoblauch, gehackte Petersilie und Kernöl mit dem Handmixer gut verrühren. Mit Salz, Pfeffer und Kümmel abschmecken. Mit Schnittlauchröllchen und frisch gerösteten Kürbiskernen bestreuen.

Nuss-Kräuter-Dip

Zutaten für ca. 400 ml

125 ml Crème fraîche
50 g Walnüsse, gehackt
Schnittlauch
Dill
1 EL Senf
250 ml Joghurt
50 g Haselnüsse, gehackt
Kerbel
Salz und Pfeffer
Worcestershiresauce

Crème fraîche mit Joghurt cremig rühren. Die gehackten Nüsse sowie die fein gehackten Kräuter unterziehen, mit Salz, Pfeffer, Senf sowie einigen Tropfen Worcestershiresauce abschmecken.

Pikanter Dip

Zutaten für ca. 300 ml

1 kleine Zwiebel
1 EL Kapern
125 ml Sauerrahm
1 KL Petersilie
1 Ei, hart gekocht
2 Essiggurkerln
125 ml Mayonnaise
1 KL Senf
Salz und Pfeffer

Zwiebel schälen und fein hacken, Essiggurkerln kleinwürfelig schneiden, Kapern fein hacken. Mayonnaise, Sauerrahm und Senf verrühren. Zwiebel, Gurkerln, Kapern und gehackte Petersilie untermischen. Sauce mit Salz und Pfeffer abschmecken und mit dem grob gehackten Ei bestreut anrichten.

Roquefort-Dip

Zutaten für ca. 350 ml

125 ml Mayonnaise
100 g Roquefort
Salz und Pfeffer
125 ml Joghurt
2 EL Walnüsse

Mayonnaise und Joghurt cremig rühren, mit einer Gabel zerdrückten Roquefort und 2/3 der fein gehackten Walnüsse untermischen, mit Salz und Pfeffer abschmecken, mit den restlichen Walnüssen bestreut servieren.

Sardellen-Dip

Zutaten für ca. 125 ml

100 g Topfen
Salz und Pfeffer
1 Eidotter, hart gekocht
1 Essiggurkerl
1 Sardelle (oder Sardellenpaste)
Senf
1 Knoblauchzehe
Schnittlauch

Topfen schaumig rühren und mit fein gehackter Sardelle (oder mit Sardellenpaste), Senf, dem zerdrückten Eidotter, der gepressten Knoblauchzehe und dem fein gehackten Essiggurkerl vermischen. Mit Salz und Pfeffer abschmecken und mit dem klein geschnittenen Schn ttlauch bestreut servieren.

Selbst gemachtes Ketchup

Zutaten

1 kg vollreife Paradeiser
2 Knoblauchzehen
2 EL Sonnenblumenöl
2 EL Zucker
10 Pfefferkörner
3 Gewürznelken
etwas Öl

2 Zwiebeln
1 Stück frischer Ingwer
1/4 l Rotweinessig
1 KL Meersalz
1 KL Senfkörner
4 Wacholderbeeren

Die Paradeiser einritzen, in kochendes Wasser tauchen, abschrecken, enthäuten und die Stielansätze entfernen, das Fruchtfleisch in Würfel schneiden. Die Zwiebeln und den Knoblauch schälen und in kleine Würfel schneiden, den Ingwer schälen und grob hacken.
Das Öl erhitzen, Zwiebeln, Knoblauch und Ingwer glasig darin dünsten, die Paradeiserwürfel zugeben und kurz anschwitzen, Essig, Zucker, Meersalz und die Gewürze zufügen und alles offen bei mittlerer Hitze so lange kochen lassen (etwa 35 Minuten), bis ein dickflüssiger Brei entstanden ist. Diese Masse durch ein feines Sieb passieren, nochmals in den Topf geben, mit Meersalz und Zucker abschmecken und einmal aufkochen lassen. In sterilisierte Flaschen füllen, mit einem dünnen Ölfilm bedecken und sofort verschließen.

Chutneys und Relishes

Bei Chutneys und Relishes werden die Zutaten – Früchte, Gemüse, Zucker, Essig, Kräuter und Gewürze – konserviert und zugleich wird deren Geschmack intensiviert. Für die Haltbarkeit sind in erster Linie Essig und Zucker (am besten Voll-, Braun-, Kandiszucker oder Honig) verantwortlich. Gibt man ganze Gewürze in ein Mullstoffsäckchen, das mit einem ungefärbten Baumwollfaden zugebunden wird, erleichtert dies das Entfernen der Gewürze bei Garende. Gemahlene Gewürze rührt man erst kurz vor Kochende unter, damit der Geschmack erhalten bleibt.

Feste Zutaten wie z. B. Äpfel und Zwiebeln werden zuerst (getrennt von den schneller weich werdenden, wie z. B. Paradeiser oder Kürbis) langsam zu einem dicken, marmeladeähnlichen Brei verkocht. Je nach Gemüse- bzw. Obstart dauert die Kochzeit 30–60 Minuten.

Chutneys und Relishes füllt man am besten in kleine Gläser, da der Inhalt geöffneter Gläser bald verbraucht werden sollte, auch wenn man sie im Kühlschrank aufbewahrt. Kleinen Gläsern ist auch deshalb der Vorzug zu geben, da man so mehrere Arten von Chutneys bzw. Relishes zu einem Gericht anbieten kann.

Damit sich der Geschmack der Zutaten voll entfalten kann, sollte man Chutneys und Relishes erst nach ca. 2 Wochen verwenden.

Heben Sie einige besondere Gläser dieser pikanten Köstlichkeiten für Gast-, Weihnachts- oder Geburtstagsgeschenke auf, da ein solches Mitbringsel immer Freude bereitet!

Welche Geräte benötigt man?

Wer Marmelade, Chutney und Relishes, Kompotte, Apfelmus, Säfte und dergleichen gerne selbst herstellt, braucht immer Gläser, Steinguttöpfe, Karaffen, Flaschen, Weckgläser etc. Am besten reinigt man leere Behäl-

ter gut und bewahrt sie bis zum nächsten Gebrauch auf. Dass die Gläser und Deckel vor dem Befüllen sauberst gewaschen und steril gemacht werden müssen, sollte selbstverständlich sein:

- Vor dem Einkochen die Gläser gründlich auswaschen, nachspülen und die nassen Gläser bei 100 °C in den vorgeheizten Backofen stellen. Mindestens 15 Minuten im Ofen stehen lassen, herausnehmen und sofort befüllen, damit sich keine neuen Bakterien einnisten können.
  Tipp: Nach dem Befüllen der Gläser mit der kochend heißen Masse empfiehlt es sich, die gut verschlossenen Gläser für kurze Zeit auf den Deckel zu stellen, um eventuell doch noch anhaftende Keime abzutöten.

- Zum Abfüllen von Chutneys oder Relishes eignen sich vor allem Gläser mit weiten Öffnungen (wegen der besseren Entnahme). Der Deckel sollte gut schließen (Schraubverschluss oder Rex-System) und entweder aus Glas bestehen oder innen beschichtet sein, weil der in vielen Rezepten verwendete Essig würde mit einem Metalldeckel chemisch reagieren und den Inhalt geschmacklich verderben lassen.

- Die Methode der Konservierung von Lebensmitteln durch Erhitzen auf 100 °C in geschlossenen Behältern hat der französische Koch Nicolas Appert 1790 entdeckt. Besonders lange haltbar bleibt selbst Eingemachtes in speziellen Einmachgläsern, die auf den Chemiker Rudolf Rempel zurückgehen. Nach Rempels Tod erwarb Johann Carl Weck das Patent und das Alleinverkaufsrecht an den Gläsern und Geräten, daraufhin breiteten sich die Wortschöpfungen „Weck-Gläser" und „einwecken" im deutschen Sprachraum rasch aus und wurden 1907 in den Duden aufgenommen. Auch die in Österreich und Süddeutschland bekannten Rex-Gläser verdanken dem Hersteller ihren Namen.
  Wenn die Köstlichkeiten nicht jahrelang im Keller gelagert werden sollen (was ohnehin einen Geschmacksverlust bedeuten würde), reichen einfache Schraubverschlussgläser.

Weiteres Einkoch-Zubehör

- zum Passieren von Obst und Gemüse ist die „Flotte Lotte" sehr praktisch. Falls vorhanden, kann natürlich auch ein Mixer mit Aufsatz oder ein Pürierstab verwendet werden
- zwei große Töpfe, einen zum Zubereiten der Früchte, einen zum Sterilisieren der gefüllten Gläser; der Topf zum Zubereiten sollte aus Edelstahl oder unbeschädigtem Email sein
- Mullstoff für die Gewürzsäckchen, ungefärbten Baumwollfaden zum Zubinden
- Mörser zum Zerstoßen von Gewürzen
- Knoblauchpresse
- ein Glasteller, auf dem eine Gelierprobe schnell abkühlen kann
- einen kleinen Schöpfer sowie einen Einfülltrichter zum Einfüllen in die Gläser

Vor Beginn sollten alle benötigten Utensilien und Geräte ordentlich vorbereitet werden, das erspart Hektik während der Zubereitung und erleichtert die Konzentration auf das Wesentliche. Und dann braucht man vor allem Zeit, denn bei einigen Rezepten muss man einfach danebenstehen und rühren, rühren, rühren ... Angebranntes Chutney riecht furchtbar.

Chutneys

Chutneys stammen ursprünglich aus Indien und heißen dort „chanti", was eigentlich nur „scharf" bedeutet. Wir verdanken den Einzug dieser Köstlichkeiten den Briten, die ihren Wohlgeschmack in den Kolonien kennenlernten und sie importierten; diese apart abgestimmten Mischungen aus Gemüse, Obst und Gewürzen (speziell Ingwer) bezeichnet man nun eben als „Chutneys". Für die süß-sauren Würzmarmeladen kann man eine Fülle von Obst und Gemüse verwenden, z. B. Mango, Sauerkirschen oder Karotten u. v. m., wichtig ist die Abstimmung von süß, sauer und scharf. Weitere Ingredenzien sind Zucker, Essig und Gewürze, wie Ingwer, Zimt, Gewürznelken, Pfeffer, Chili oder Curry. Chutneys werden ähnlich wie eine Konfitüre dick eingekocht.
Zu Fisch-, Geflügel- und Fleischgerichten (wie z. B. Braten, Fondue, Steinplattengrill oder Gegrilltem) sowie zu Pasteten oder Reis- und Nudelgerichten gereicht, vollenden diese pikanten, würzigen Saucen jede Mahlzeit.

Zucchini-Kürbis-Chutney

Zutaten für ca. 1,5 l

800 g Speisekürbis (vorzugsweise mit orangefarbenem Fleisch wie z. B. Butternut)
2 EL Öl
1 Zimtstange
175 g Gelierzucker Extra (1:2)
2 Zwiebeln
2 große Äpfel
200 g Zucchini
250 ml Rum
1 unbehandelte Zitrone

Die Zwiebeln schälen, halbieren und in Streifen schneiden. Den Kürbis schälen und die Kerne herausschaben, das Kürbisfleisch in kleine Würfel schneiden. Die Äpfel schälen, vierteln, entkernen und ebenfalls in kleine Würfel schneiden, die Zucchini waschen, putzen und klein schneiden, die Zitrone waschen, die Schale abreiben und den Saft auspressen.
Zwiebeln, Kürbis, Zucchini und Äpfel im heißen Öl andünsten, den Rum zugießen und die Zimtstange, den Zitronensaft und die abgeriebene Zitronenschale zufügen, zuletzt den Gelierzucker einrühren und alles 12–15 Minuten unter Rühren kochen lassen. Das Chutney noch heiß in sterilisierte Gläser füllen und verschließen.

Tipp: Das Chutney passt gut zu gegrilltem Fleisch, Geflügel oder Fisch.

Apfel-Chili-Chutney, feurig

Zutaten für ca. 750 ml

150 g rote Zwiebel
180 g Braunzucker
500 g säuerliche Äpfel
1/2 KL Salz
1/2 KL Senfkörner
1/2 KL Thymian
1 Msp. Cayennepfeffer
einige Tropfen Tabascosauce
1 EL Öl
150 ml Rotweinessig
2 Chilischoten oder 2 KL Chilisauce
1/2 KL Pfefferkörner
1 Lorbeerblatt
1/2 KL Ingwer, frisch gerieben
1 KL Paprikapulver, scharf

Die fein gehackten Zwiebeln in Öl anschwitzen und ein Drittel der Zuckermenge darin karamellisieren lassen, mit Essig ablöschen und die geschälten, entkernten und in sehr kleine Stücke geschnittenen Äpfel beigeben. Die Chilischoten ebenfalls klein schneiden und mit den restlichen Zutaten einrühren (außer Cayennepfeffer, Paprikapulver und Tabascosauce). Das Ganze bei schwacher Hitze unter ständigem Rühren ca. 30 Minuten einkochen lassen. Falls erforderlich, etwas Wasser beigeben. Kurz vor Beendigung des Kochvorganges Cayennepfeffer, Paprikapulver und Tabascosauce unterrühren. Chutney heiß in vorbereitete kleine Gläser füllen und fest verschließen.

Tipp: Zu Seefisch oder gegrilltem Fleisch reichen.

Apfel-Zwiebel-Chutney

Zutaten für ca. 500 ml

125 g rote Zwiebel
60 g Braunzucker
50 g Rosinen
1/2 KL Cayennepfeffer
1/2 KL gemahlener Ingwer
(besser: frischer, geriebener Ingwer)
250 g Äpfel
60 ml Weinessig
1 KL Chilisauce
1/2 KL Salz
1 KL Paprikapulver, scharf

Fein gehackte Zwiebel, geschälte, entkernte und in sehr kleine Stücke geschnittene Äpfel, Braunzucker und Weinessig in einen weiten Topf geben, mit etwas Wasser halbweich kochen. Die klein geschnittenen Rosinen dazugeben und so lange weiterköcheln lassen, bis die Fruchtstücke zerfallen. Nun kocht man unter Rühren weiter, bis fast die ganze Flüssigkeit verdampft ist (das kann bis zu einer Stunde dauern). Kurz vor Beendigung der Kochzeit würzen und abschmecken. Das heiße Mus in vorbereitete heiße Gläser füllen und fest verschließen.

Tipp: Schmeckt besonders gut zu Pasteten.

Paradeiser-Zimt-Chutney

Zutaten für ca. 500 ml

6 Paradeiser (ca. 600 g)
2 Sternanis
1 EL Kristallzucker
50 ml Weißweinessig
Salz und Pfeffer
1 KL Fenchelsamen
1 Zimtstange
Salz und Pfeffer
2 EL Olivenöl

Die Stielansätze von den Paradeisern entfernen, Paradeiser achteln und die Kerne entfernen. Die Paradeiser in einer feuerfesten Form mit Fenchelsamen, Sternanis, Zimtstange, Kristallzucker, Salz, Pfeffer und Weißweinessig mischen und mit Olivenöl beträufeln. Die Paradeiser zugedeckt im vorgeheizten Backofen bei 180 °C Umluft 60 Minuten schmoren. Aus dem Backofen nehmen, Zimtstange entfernen, Paradeiser mit einer Gabel leicht zerdrücken, mit Salz und Pfeffer abschmecken und in Gläser füllen.

Marillen-Sternanis-Chutney

Zutaten für 600 ml

150 g getrocknete Marillen
1 EL Korianderblätter
4 Sternanis
1/2 KL Kardamom
50 g Honig
3 Zwiebeln
100 ml weißer Balsamico-Essig
1 KL Chilisauce
1 KL Salz

Marillen in kleine Stücke schneiden, Zwiebeln schälen und in kleine Würfel schneiden, Korianderblätter fein hacken. Alle Zutaten in einer Schüssel gut vermischen und ca. 1 Stunde ziehen lassen, Masse in einen Topf geben und bei geringer Hitze 25–30 Minuten unter ständigem Rühren köcheln lassen. Abschmecken und in Gläser füllen.

Paradeiser-Zimt-Chutney (links) und Marillen-Sternanis-Chutney (rechts)

Hagebutten-Chutney

Zutaten für ca. 700 ml

125 g säuerliche Äpfel
125 g Zwiebeln
250 g Hagebutten
125 ml Apfel- oder Rotweinessig
125 g Kandiszucker
1 KL Salz
1/2 KL Pfeffer, frisch gemahlen
1/2 KL Ingwerpulver, frisch gerieben
1 KL Senfkörner
1 KL Curry

Die geschälten, entkernten und klein geschnittenen Äpfel, die fein gehackten Zwiebeln und die geputzten, entkernten und klein geschnittenen Hagebutten mit den anderen Zutaten in einem Topf unter ständigem Rühren zum Kochen bringen und bei schwacher Hitze langsam zu einem dicklichen Brei einkochen lassen. Noch heiß in Gläser füllen und verschließen.

Tipp: Dieses Chutney passt sehr gut zu Wildgerichten.

Holunderbeeren-Chutney

Zutaten für ca. 750 ml

500 g Holunderbeeren
40 g Vollzucker
1/2 KL Salz
3 Neugewürzkörner
1/2 KL Ingwerpulver, frisch gerieben
1 KL Chilisauce
Thymian
1/2 KL Bohnenkraut
75 g Zwiebeln
1 EL Honig
1/2 KL Senfkörner
3 Gewürznelken
250 ml Rotweinessig
1 Msp. Cayennepfeffer
1 KL scharfes Paprikapulver

Die mit einer Gabel zerdrückten Holunderbeeren sowie die fein gehackten Zwiebeln zusammen mit den übrigen Zutaten (außer Thymian und Bohnenkraut) in einen breiten Topf geben und bei schwacher Hitze unter ständigem Rühren einkochen lassen, bis die Masse eine marmeladenähnliche Konsistenz hat. Zum Schluss gerebelten Thymian und gerebeltes Bohnenkraut unterrühren. Chutney noch heiß in sterilisierte heiße Gläser füllen und sofort verschließen.

Mango-Chutney

Zutaten für ca. 500 ml
250 g Mango
125 g Äpfel
125 ml Wasser
200 g Vollzucker
1 Prise Gewürznelken
1 KL Chilisauce
1 Prise Muskatnuss
50 g Rosinen
3 EL Weißweinessig
1 EL Maraschino

Mango schälen und das Fruchtfleisch in kleine Würfel schneiden, Äpfel schälen, Kerngehäuse entfernen und ebenfalls in kleine Würfel schneiden (wobei die Apfelstücke kleiner sein sollten). Mango- und Apfelstücke mit Wasser, 2/3 des Zuckers, Gewürzen und Rosinen zu Mus kochen. Den Essig mit dem restlichen Zucker unterrühren, zum Schluss Maraschino dazugeben. Das heiße Fruchtmus in sterilisierte, heiße Gläser füllen und gut verschließen.

Marillen-Zwiebel-Chutney

Zutaten für ca. 500 ml
100 g getrocknete Marillen
400 g Zwiebeln
100 ml Weißweinessig
50 g brauner Zucker
1 EL Senfkörner
1 KL Chilisauce
1/2 KL Kardamom
1 KL Salz
Petersilie

Klein geschnittene Marillen und fein gehackte Zwiebeln mit Essig, Zucker und den Gewürzen in einen Topf geben, aufkochen lassen und 30–40 Minuten im offenen Topf unter ständigem Rühren einkochen lassen. Falls erforderlich, etwas Wasser untermischen. Petersilie waschen, trocken tupfen, fein hacken und unterrühren. Chutney noch heiß in sterilisierte Gläser füllen, fest verschließen.

Tipp: Ideale Beilage zu gebratenem oder gegrilltem Geflügel oder Pasteten.

Quitten-Chutney

Zutaten für ca. 800 ml

150 g Zwiebeln
65 ml Weißwein
200 g Äpfel oder Birnen
1/2 unbehandelte Zitrone
125 ml Apfelessig
1/2 Zimtstange
1/2 KL Ingwerpulver, frisch gerieben
1 KL Chilisauce
etwas Pfeffer, frisch gemahlen
2 EL Öl
80 g Dörrzwetschken
500 g Quitten
200 g Kandiszucker
1/2 KL Salz
3 Gewürznelken
1/2 KL Currypulver
1 Prise Muskatnuss, frisch gemahlen

Die fein geschnittenen Zwiebeln im heißen Öl goldgelb anlaufen lassen, mit den einige Stunden im Weißwein eingeweichten Dörrzwetschken (anschließend fein hacken, Einweichflüssigkeit aufheben und später zur Chutneymasse geben), den geschälten, vom Kerngehäuse befreiten Äpfeln oder Birnen, den ungeschälten, kleinwürfelig geschnittenen Quitten und den übrigen Zutaten in einem Topf zum Kochen bringen, bei schwacher Hitze unter ständigem Rühren einkochen lassen. Wenn das Chutney eine dickliche Konsistenz aufweist, in sterilisierte Gläser füllen und sofort verschließen.

Rhabarber-Kirschen-Chutney

Zutaten für 800 ml

1 kg Rhabarber
1 Vanilleschote
2 EL Olivenöl
1 KL Ingwer, geschält und fein gerieben
150 ml Rotweinessig
300 g Kirschen
1 Chilischote
120 g brauner Zucker
2 Kardamomkapseln

Den Rhabarber schälen (die holzigen Enden abschneiden), in 3 cm lange Stücke schneiden. Kirschen halbieren und die Steine entfernen. Vanilleschote längs aufschlitzen und das Mark herauskratzen. Chilischote waschen (von Kernen und weißen Adern befreien) und klein schneiden. Rhabarber, Kirschen und Chilischotenstücke in einem Topf mit Olivenöl anschwitzen, Zucker, Ingwer, Kardamom und die Vanilleschote mit Mark zugeben. Mit Rotweinessig würzen. Zugedeckt bei geringer Hitze 20 Minuten köcheln lassen, in sterilisierte Gläser abfüllen und auskühlen lassen.

Tipp: 1 KL Natron dazugeben, um die Säure zu binden!

Rhabarber-Kirschen-Chutney (vorne) und Quitten-Chutney (hinten)

Auberginen-Chutney

Zutaten für 500 ml

2 Auberginen (ca. 700 g)
3 EL Weißweinessig
1 Knoblauchzehe
1 EL Kapern
1/2 KL Kreuzkümmelpulver
2 EL Olivenöl
Salz und Pfeffer
1/2 KL Salz
1 rote Zwiebel
1 Chilischote
1/2 KL Kurkuma
3 KL Honig
100 ml Gemüsesuppe

Den Stielansatz von den Auberginen abschneiden, Auberginen in kleine Würfel schneiden. In kochendem Salzwasser mit 2 EL Weißweinessig 1–2 Minuten blanchieren, in Eiswasser abschrecken und in einem Sieb abtropfen lassen. Zwiebel und Knoblauch schälen und fein schneiden, Chilischote waschen und fein schneiden. Zwiebel, Knoblauch, Chili, klein geschnittene Kapern, Kurkuma, Kreuzkümmel und Honig in einer Kasserolle mit Olivenöl anschwitzen. Die Auberginenwürfel dazugeben, mit 1 EL Weißweinessig mischen und mit der Gemüsesuppe aufgießen. Zugedeckt bei niedriger Hitze ca. 15 Minuten köcheln lassen, mit Salz und Pfeffer würzen und abschmecken.

Tipp: Durch die Zugabe des Weißweinessigs bleiben die Auberginen hell.

Zwiebel-Lorbeer-Chutney

Zutaten für 500 ml

4 Zwiebeln (600 g)
2 EL Olivenöl
4 Lorbeerblätter
Salz und Pfeffer
2 Chilischoten
2 EL Honig
1 KL Thymianblätter
120 ml Weißweinessig

Die Zwiebeln schälen und in 1 cm breite Würfel schneiden. Chilischoten waschen, der Länge nach halbieren, Kerne und Adern entfernen und fein schneiden. Zwiebelwürfel und Chilischotenstücke in einem Topf mit Olivenöl ca. 20 Minuten glasig anschwitzen. Honig, Lorbeerblätter und Thymian zugeben und mit Salz und Pfeffer würzen. Weißweinessig hinzufügen und zugedeckt bei schwacher Hitze so lange köcheln lassen, bis die Flüssigkeit verdampft ist. Abschmecken, in sterilisierte Gläser füllen und abkühlen lassen.

Ribisel-Chutney „Cumberland“

Zutaten für ca. 700 ml

Schale einer unbehandelten Orange
500 g rote Ribiseln
125 ml Rotwein
Saft von 2 Orangen
1 Stange Zimt
65 ml Rotweinessig
1 KL Kräuter, getrocknet (Rosmarin, Thymian, Lorbeer)
1 Msp. Ingwer, klein geschnitten
1 Msp. Cayennepfeffer
2 Stück Würfelzucker
100 g Preiselbeeren
Saft von 1 Zitrone
200 g Rohzucker
3 Gewürznelken
1 KL Salz
1/2 KL Senfpulver
1/2 KL französischer Senf
1 Msp. edelsüßes Paprikapulver
10 ml Orangenlikör

Die ungespritze Orange mit dem Würfelzucker gut abreiben, dann dünn schälen (am besten mit dem Erdäpfelschäler), Schale in feine Streifen schneiden und zusammen mit den gewaschenen und abgetropften Ribiseln, den Preiselbeeren, dem Rotwein, Orangen- und Zitronensaft, Würfelzucker, Zucker, Zimt und Gewürznelken aufkochen, vom Herd nehmen und abkühlen lassen, über Nacht ziehen lassen. Am nächsten Tag passieren und mit Essig, Kräutern und Salz bei schwacher Hitze dicklich einkochen lassen. Vom Herd nehmen und mit den übrigen Gewürzen abschmecken. Vor dem Abfüllen Orangenlikör untermengen, anschließend in sterilisierte Gläser füllen und sofort verschließen.

Stachelbeer-Chutney

Zutaten für ca. 500 ml

300 g Stachelbeeren
80 g Zwiebeln
1 KL Chilisauce
100 g Rohzucker
1/2 KL Ingwerpulver, frisch gerieben
1 Prise Nelkenpulver
1 KL Estragonsenf
1 KL Estragon, gehackt
80 g Äpfel
1 Knoblauchzehe
100 ml Kräuteressig
1/2 KL Salz
1/2 KL Curry
1 Msp. Koriander, gemahlen
1 KL Dill, gehackt
1 KL Honig

Die gewaschenen, entstielten und vom Blütenansatz befreiten Stachelbeeren, die geschälten, vom Kerngehäuse befreiten, kleinwürfelig geschnittenen Äpfel und fein gehackten Zwiebeln sowie Knoblauch, Chilisauce, Essig, Zucker, Salz und die Gewürze in einem großen Topf zum Kochen bringen und langsam dicklich einkochen lassen. Dann vom Herd nehmen und die frischen Kräuter samt dem Honig untermischen. Wie üblich heiß in sterilisierte Gläser füllen und sofort verschließen.

Stachelbeer-Pflaumen-Chutney

Zutaten für ca. 500 ml

250 g Pflaumen
50 g Rosinen
1/2 KL Salz
1/2 KL Ingwer, frisch gerieben
1 Prise Nelkenpulver
1/2 KL Curry
80 ml Rotweinessig
1 KL Dill, fein gehackt
250 g Stachelbeeren
125 g Braunzucker
1 Knoblauchzehe
1/2 EL Estragonsenf
1 Msp. Koriander, gemahlen
1 KL Chilisauce
1 KL Estragon, fein gehackt
1 EL Honig

Halbierte, vom Kern befreite Pflaumen, entstielte und vom Blütenansatz befreite Stachelbeeren, gewaschene, klein geschnittene Rosinen, Zucker, Gewürze, Chilisauce und Essig in einem weiten Topf langsam und unter ständigem Rühren zum Kochen bringen und ca. 45 Minuten kochen, bis ein dicker Brei entstanden ist. Zum Schluss noch die gehackten Kräuter sowie den Honig einrühren. Chutney heiß in sterilisierte Gläser füllen und sofort verschließen.

Erdbeeren-Junglauch-Chutney

Zutaten für 400 ml

300 g Erdbeeren
1 grüne Chilischote
100 ml Balsamico-Essig
200 g Junglauch (oder Zwiebeln)
1 kleines Stück Ingwer
100 g Honig, Salz und grüner Pfeffer

Die Erdbeeren waschen, den Stielansatz entfernen und je nach Größe halbieren oder vierteln. Junglauch putzen, waschen, trocken tupfen und in 1 cm kleine Stücke schneiden. Chilischote waschen, Kerne und Adern entfernen, fein schneiden, Ingwer schälen und fein reiben. Alle Zutaten in einen Topf geben und zum Kochen bringen, unter ständigem Rühren bei schwacher Hitze dicklich einkochen. Abschmecken und noch heiß in sterilisierte Gläser einfüllen.

Paprika-Zwiebel-Chutney

Zutaten für 500 ml

je 1 rote, gelbe und grüne Paprikaschote
2 Chilischoten
100 g brauner Zucker
1/2 KL edelsüßes Paprikapulver
150 g Zwiebeln
50 ml Rotweinessig
1/2 KL Salz

Paprikaschoten waschen, vierteln und von Stielen und Kerngehäuse befreien, danach das Fruchtfleisch in 1 cm große Würfel schneiden. Zwiebeln schälen und klein schneiden, Chilischoten waschen, der Länge nach halbieren, Kerne und Adern entfernen und Fruchtfleisch fein hacken. Alle Zutaten in einer geeigneten Schüssel vermischen, zudecken und über Nacht kalt stellen. In einem Topf bei geringer Hitze so lange kochen lassen, bis fast die gesamte Flüssigkeit eingekocht ist und abschmecken. Noch heiß in sterilisierte Gläser einfüllen und verschließen.

Paradeiser-Paprika-Chutney

Zutaten für ca. 800 ml

400 g aromatische Paradeiser
200 g Zwiebeln
1 KL grober Pfeffer
1 KL Chilisauce
125 ml Rotwein
2 rote Paprikaschoten
150 g brauner Zucker
1 KL scharfes Paprikapulver
1/2 KL Nelken, zerstoßen
125 ml Essig

Paradeiser waschen, den Stielansatz ausschneiden, kurz in heißem Wasser blanchieren und abschälen. Die Paprikaschoten inzwischen im heißen Backrohr erhitzen, bis sich die Haut leicht lösen lässt, dann abschälen. Paprika und Paradeiser in Würfel schneiden, die ebenfalls gewürfelten Zwiebeln mit Wasser vorkochen, die Paradeiser- und Paprikawürfel hinzufügen und mit dem Zucker und den Gewürzen kochen. Den Rotwein und den Essig nach ca. 10 Minuten dazugeben und alles ca. 20 Minuten unter ständigem Rühren weiterkochen lassen, bis die richtige Konsistenz erreicht ist. Heiß abfüllen und die Gläser sofort verschließen.

Paprika-Zwiebel-Chutney (vorne) und Erdbeeren-Junglauch-Chutney (hinten)

Kürbis-Kreuzkümmel-Chutney

Zutaten für 300 ml

500 g Muskatkürbisfleisch
150 g Kristallzucker
1 KL Kreuzkümmel
1 EL Estragonblätter
100 ml Weißweinessig
1 KL Salz
4 Tropfen Tabasco
1 EL Bärlauchblätter (oder Knoblauch)

Kürbisfleisch in 1,5 cm große Würfel schneiden, sämtliche Zutaten außer den Kräutern in einen Topf geben und bei geringer Hitze unter ständigem Rühren zum Kochen bringen, bis die Masse dickflüssig ist. Zum Schluss die fein geschnittenen Kräuter beigeben, umrühren und abschmecken. Noch heiß in sterilisierte Gläser einfüllen und verschließen.
Tipp: Passt gut zu gekochtem Rind- oder Lammfleisch.

Preiselbeeren-Schalotten-Chutney

Zutaten für 600 ml

500 g Preiselbeeren
Saft von 1 Zitrone
150 ml Rotwein
1/2 KL Zimtpulver
Salz und schwarzer Pfeffer
250 g Schalotten
Saft von 2 Orangen
200 g Braunzucker
1 KL Rosmarinnadeln, fein gehackt

Die Preiselbeeren verlesen, Schalotten schälen und in kleine Würfel schneiden. Alle Zutaten in eine Schüssel geben, vermischen und zugedeckt 12 Stunden ziehen lassen. In einem geeigneten Topf zum Kochen bringen und unter ständigem Rühren bei schwacher Hitze dicklich einkochen. Abschmecken und in Rexgläser einfüllen.
Tipp: Passt sehr gut zu Wild und Pasteten.

Pfirsich-Chutney

Zutaten für 800 ml

500 g Pfirsiche ohne Kern
2 Knoblauchzehen
200 g Kristallzucker
1 Msp. Safranpulver
Salz
250 g Schalotten
150 ml Weißwein
1 KL Currypulver
1 EL rosa Pfefferkörner

Das Pfirsichfleisch in kleine Stücke schneiden, Schalotten und Knoblauch schälen und fein schneiden. Alle Zutaten in eine weite Kasserolle geben, mit einem Kochlöffel verrühren und zum Kochen bringen. Unter ständigem Rühren so lange köcheln lassen, bis die Masse eine dicke Konsistenz hat. Abschmecken, in sterilisierte Gläser einfüllen und verschließen.
Tipp: Passt sehr gut zu Meeresfisch und Geflügel.

Pfirsich-Chutney (links) und Kürbis-Kreuzkümmel-Chutney (rechts)

Rhabarber-Chutney

Zutaten für ca. 1 l

400 g Rhabarber
200 g Kandiszucker
125 ml Rotweinessig
1/2 Bio-Orange
1/2 KL Ingwerpulver, frisch gerieben
etwas Neugewürz
etwas Cayennepfeffer
200 g Äpfel
125 ml Wasser
50 g Rosinen
50 g Dörrzwetschken
1 KL Senfkörner
1 KL Chilisauce

Den geschälten und in kleine Würfel geschnittenen Rhabarber und die geschälten, entkernten und ebenfalls kleinwürfelig geschnittenen Äpfel mit Zucker und Wasser in einem Topf zum Kochen bringen. Nach 30 Minuten Kochzeit Essig, Rosinen, Orangensaft und -schale, klein geschnittene Dörrzwetschken, Ingwer, Senfkörner und Neugewürz untermengen. Weitere 30 Minuten einkochen lassen, bei Bedarf noch etwas Wasser dazugeben. Vor Beendigung des Kochvorganges mit Chilisauce und Cayennepfeffer abschmecken. Sofort heiß in sterilisierte Gläser füllen und gut verschließen.

Pfirsich-Schalotten-Chutney

Zutaten für ca. 750 ml

250 g Schalotten
1 KL Cayennepfeffer
1/2 KL Senfpulver
1/2 EL Salz
500 g Pfirsiche
100 g Rosinen
25 g frische Ingwerwurzel, fein gerieben
1/2 KL Zimt
1/2 KL Curry
1/2 unbehandelte Zitrone
100 g Vollzucker
65 ml Obstessig

Die Schalotten in feine Streifen schneiden und zusammen mit den Gewürzen und etwas Wasser auf kleiner Flamme ca. 30 Minuten kochen lassen. Zitronenschale mit einem Erdäpfelschäler fein schälen und in dünne Streifen schneiden. Die Pfirsiche kurz in heißes Wasser geben, abschrecken, schälen, entkernen und mit dem Zucker, den Rosinen und der Zitronenschale zu den vorgekochten Schalotten geben. Den Essig beifügen und alles so lange kochen lassen, bis die Flüssigkeit weitgehend verdampft ist. Zum Schluss den Saft der Zitrone unterrühren. Das heiße Chutney in heiße Gläser füllen und gut verschließen.

Tipp: Da es leider oft völlig geschmacklose Pfirsiche am Markt gibt, wären aromatische Nektarinen auch eine Möglichkeit.

Erdbeer-Ingwer-Chutney

Zutaten für 500 ml

500 g Erdbeeren
etwas Öl
5 cl Apfelessig
3 Schalotten
1/2 KL Zimtpulver
1 Prise Muskatnuss
1 Prise Cayennepfeffer
15 g Mandeln
75 g Zucker
50 g Ingwer
1 KL Senfkörner
1/2 KL Kurkuma
1 Prise Kardamom
2 cl Erdbeerlikör

Die Erdbeeren putzen, waschen und vierteln, die gehackten Mandeln in etwas Öl rösten, Zucker in eine Kasserolle geben, die Erdbeerstücke zugeben, erhitzen und mit Essig ablöschen, alle Zutaten (bis auf den Erdbeerlikör und die Mandeln) zugeben und 20–25 Minuten leicht köcheln lassen, dabei öfters umrühren, damit sich nichts anlegt. 5 Minuten vor Ende der Garzeit den Erdbeerlikör und die Mandeln zugeben, danach das Chutney noch heiß in die sterilisierten, auf ein feuchtes Tuch gestellten Gläser füllen und verschließen.

Ajvar II (links) und Orangen-Relish (rechts)

Relishes

Diese Würzspezialität nahm in Amerika ihren Ausgang. „To relish something" heißt, etwas genießen, sich daran erfreuen, an etwas Geschmack finden … Relishes haben meist Gemüse als Grundlage. Man kann aus vielen Gemüsesorten Relishes herstellen, z. B. aus grünen und roten Tomaten, Paprika, Kürbissen, Zwiebeln. Aber auch süße Relishes gibt es, wie Sie auf der gegenüberliegenden Seite sehen können. Immer sind aber die Gewürze das Wichtigste: Knoblauch, Lorbeer, Cayennepfeffer, Chili, Kümmel, Kren, Koriander, Pfeffer- und Senfkörner, Salz, Muskatblüten, Zimt, Gewürznelken und Ingwer, Zucker und Essig.
Relishes sind im Gegensatz zu Chutneys flüssiger und werden auch oft zur Geschmacksverfeinerung von Saucen verwendet.
Diese pikant-würzigen Beilagen schmecken vorzüglich zu Fisch-, Geflügel- und Fleischgerichten, aber auch zu Reis- und Nudelgerichten, Salaten und Pasteten.

Mango-Relish

Zutaten für 600 ml

500 g vollreifes Mangofleisch
100 ml Weißweinessig
1 KL Kardamom
50 g Rosinen
100 g Kristallzucker
1/2 KL Salz
100 g Mandelstifte
1 EL Ananasminze, fein geschnitten

Das Mangofleisch in kleine Würfel schneiden und mit dem Kristallzucker in einer geeigneten Kasserolle karamellisieren. So lange umrühren, bis sich der Kristallzucker vollständig aufgelöst und eine hellbraune Farbe hat. Anschließend mit Essig ablöschen und 5 Minuten leise köcheln lassen. Danach die restlichen Zutaten zugeben, verrühren und einige Minuten weiterkochen, abschmecken und in sterilisierte Gläser füllen.

Tipp: Eignet sich für Obstsalat oder zu Muffins.

Orangen-Relish

Zutaten für 250 ml

300 g Orangenfilets
100 g Blütenhonig
1 KL Vanillezucker
2 EL Minzeblätter
Zesten von 2 unbehandelten Orangen
100 ml Zitronensaft
2 Vanilleschoten

Orangenfilets und Orangenzesten mit Honig in einem Topf zum Kochen bringen. Zitronensaft zugeben und vorsichtig umrühren, Vanillezucker untermengen, Vanilleschoten in 2 cm lange Stücke schneiden und zum nicht mehr kochenden Relish geben, fein geschnittene Minzeblätter einrühren und abschmecken. Fertiges Relish in sterilisierte Gläser füllen und kalt stellen.

Tipp: Passt besonders gut zu Desserts mit Topfen.

Ajvar II

Zutaten für ca. 750 ml

250 g grüne und rote Paprikaschoten
250 g Zwiebeln
1 Pfefferoni
1 EL Salz und Pfeffer
250 g Melanzani
1/16 l Öl
5 Knoblauchzehen
60 ml Weinessig

Paprika und Auberginen mit etwas Öl im Backrohr bei 180° C 20 Minuten braten, danach die Haut abziehen und die Kerne entfernen, Paprika- und Melanzanifleisch fein schneiden (oder faschieren). Die Zwiebeln fein schneiden, in Öl anrösten, das Paprika-Melanzani-Mus beigeben. Gehackte Pfefferoni, zerdrückten Knoblauch, Salz, Pfeffer und Essig einrühren und alles zusammen ca. 20 Minuten unter Umrühren dick einkochen. Nochmals abschmecken, sofort in sterilisierte Gläser füllen und gut verschließen.

Weintrauben-Relish

Zutaten für ca. 600 ml

350 g weiße Weintrauben
1 EL Traubenkernöl
200 ml Weißweinessig
1 EL Estragon
60 g Honig
150 g Zwiebeln
1 grüne Chilischote
1 EL Kerbel
1 Msp. Nelkenpulver
1 KL Salz

Weintrauben waschen, von den Reben zupfen, halbieren und von Kernen befreien. Zwiebeln fein schneiden und in Traubenkernöl glasig dünsten. Chilischote waschen, der Länge nach halbieren, Kerne und Adern entfernen und die Schote klein schneiden. Weintrauben und Chilischotenstücke zu den Zwiebeln geben und ca. 10 Minuten dünsten. Mit Weißweinessig ablöschen, fein gehackte Kräuter zugeben und mit Nelkenpulver, Honig und Salz würzen. Bei schwacher Hitze ca. 25 Minuten köcheln lassen, abschmecken und in sterilisierte Gläser füllen, kühl lagern.
Tipp: Passt gut zu hellem Fleisch und Fisch.

Pfirsich-Relish

Zutaten für 750 ml

500 g Pfirsiche, ohne Haut und Kern
2 Knoblauchzehen, geschält und fein geschnitten
150 g Braunzucker
1 EL Zitronenmelisseblätter, geschnitten
1 EL Sonnenblumenöl
100 g rote Zwiebeln
1 KL rosa Pfefferkörner
150 ml Rotweinessig
1 Prise Salz

Die Pfirsiche in 1 cm große Würfel schneiden, klein geschnittene Zwiebeln in heißem Öl anschwitzen, Pfirsichstücke zugeben und 5 Minuten dünsten. Knoblauch, Salz, Pfefferkörner und Braunzucker zugeben, umrühren und mit Essig ablöschen. Unter ständigem Rühren 5 Minuten köcheln lassen, Melisseblätter zugeben und abschmecken. Danach in sterilisierte Gläser füllen und kühl lagern.
Tipp: Passt sehr gut zu Geflügel und Fisch.

Mais-Paprika-Relish

Zutaten für ca. 600 ml

2 große Zwiebeln
1 Dose Maiskörner à 500 g
1 KL Salz
300 ml Apfelessig
je 1 rote und grüne Paprikaschote
300 g Braunzucker
1 KL Senfpulver
1 KL Currypulver

Die fein gehackten Zwiebeln sowie die in kleine Würfel geschnittenen Paprikaschoten mit allen anderen Zutaten außer Curry in einem Topf unter ständigem Rühren zum Kochen bringen und ca. 30 Minuten schwach köcheln lassen. Kurz vor Ende der Kochzeit Curry einmengen. Das fertige Relish noch heiß in sterilisierte Gläser füllen und sofort verschließen.

Pfirsich-Relish (vorne) und Weintrauben-Relish (hinten)

Grüne-Paradeiser-Relish

Zutaten für ca. 750 ml

500 g grüne Paradeiser
1 EL Olivenöl
1 roter Pfefferoni
1 EL Petersilie
1 KL Thymian
1 KL Selleriegrün
1 Lorbeerblatt
1 KL Salz
150 g Zwiebeln
2 Knoblauchzehen
200 ml Weinessig
1 EL Basilikum
1 KL Liebstöckel
1 KL Borretschblätter
50 g Braunzucker
1 KL Neugewürzkörner

Die Paradeiser halbieren, die Stielansätze herausschneiden und das Paradeiserfleisch grob hacken. Fein gehackte Zwiebeln in Öl glasig dünsten, gepressten Knoblauch, Paradeiserstücke und die in feine Streifen geschnittenen Pfefferoni beigeben und unter Rühren ca. 10 Minuten dünsten lassen. Mit Essig ablöschen, gehackte Kräuter, zerriebene Lorbeerblätter, Zucker, Salz und Neugewürzkörner beigeben. Die Masse bei schwacher Hitze noch 20–30 Minuten köcheln lassen, bis die Tomaten eine musartige Konsistenz aufweisen. Relish in heiße, sterilisierte Gläser füllen und sofort verschließen.

Gurken-Paprika-Relish

Zutaten für ca. 650 ml

200 g Salatgurke
200 g rote Paprikaschoten
2 Knoblauchzehen, zerdrückt
Pfeffer, frisch gemahlen
100 g Zucker
2 EL Dill, fein gehackt
1 Zwiebel
200 g gelbe Paprikaschoten
1/2 KL Salz
1 KL Curry
50 ml Weinessig

Paprikaschoten kurz in das heiße Backrohr geben, anschließend enthäuten und klein schneiden, zusammen mit der geschälten und in kleine Stücke geschnittenen Gurke sowie der feingehackten Zwiebel und den anderen Zutaten in einen weiten Topf geben, unter ständigem Rühren zum Kochen bringen und ca. 30 Minuten kochen lassen. Heiß in Gläser füllen und sofort verschließen.

Pesto

Pestos sind cremige Pasten, die gut zu Nudeln, zu Minestrone oder als kleine Zwischenmahlzeit auch auf getoastetes Weißbrot passen.

Zur Herstellung von Pesto benötigt man gutes Olivenöl, Kräuter (meist Basilikum, es eignen sich jedoch viele andere Kräuter, ganz nach persönlichem Geschmack), Knoblauch und Kerne (Walnuss- oder Pinienkerne).

Als Arbeitsgeräte benötigt man Messer, Knoblauchpresse, Mörser, Mixer mit Aufsatz und einen Handmixer.

Dill wird oft für Pestos verwendet

Dill-Kresse-Pesto

Zutaten für ca. 200 ml

50 g Dill, fein gehackt
50 g Pinienkerne, fein gehackt
2 Knoblauchzehen, zerdrückt
50 g Kresse, fein gehackt
50 g Parmesan, gerieben
50 ml Olivenöl

Kräuter, Pinienkerne, Parmesan und Knoblauch mit dem Stabmixer etwas verrühren und nach und nach Öl einrühren, bis das Pesto die gewünschte Konsistenz erreicht hat.

Tipp: Gekochte Nudeln vor dem Anrichten mit dem Pesto vermengen.

Mandel-Pesto

Zutaten für ca. 350 ml

100 g Mandeln, gehobelt
Basilikum nach Belieben
100 g Parmesan, gerieben
Salz
100 g Pinienkerne
30 g Knoblauch
60 ml Olivenöl

Mandeln und Pinienkerne sehr fein hacken (Cutter), Basilikum fein schneiden, Knoblauch pressen oder hacken und alle Zutaten gut miteinander vermischen. In kleine Gläser abfüllen und kalt stellen.

Kräuter-Kürbiskern-Pesto

Zutaten für ca. 300 ml

1 EL Olivenöl
2 Bund beliebige Kräuter
100 g Parmesan, gerieben
150 g Kürbiskerne
50 ml Olivenöl
Salz und Pfeffer

In eine heiße Pfanne 1 EL Olivenöl geben und die gehackten Kürbiskerne darin etwas anrösten. Fein gehackte Kräuter, Olivenöl, Parmesan, Salz und Pfeffer nicht zu lange mixen, abschmecken, zu den Kürbiskernen geben und noch etwas durchrösten.

Tipp: Zu Carpaccio und getoastetem Weißbrot reichen.

Mandelpesto

Kürbiskernölpesto zu Styriabeef-Carpaccio

Zutaten für 4 Portionen

500 g Rindsfilet im Ganzen
Klarsichtfolie zum Einwickeln
4 Radieschen
Salz und Pfeffer
gemischte Blattsalate

Kürbiskernölpesto

6 EL Kürbiskernöl
1/2 Knoblauchzehe
1 EL Apfelessig
50 g Kürbiskerne
Saft von 1/2 Zitrone
Salz und Pfeffer

Das Rindsfilet mit Salz und Pfeffer würzen, in Klarsichtfolie wickeln und in das Gefrierfach geben (kann schon am Vortag gemacht werden). Die Blattsalate putzen, waschen und gut abtropfen lassen.

Für das Kürbiskernölpesto Kürbiskernöl mit Kürbiskernen, geschältem Knoblauch, Zitronensaft, Apfelessig, Salz und Pfeffer in einer Küchenmaschine oder mit einem Stabmixer nicht zu fein mixen. Das Rindsfilet aus der Folie wickeln und mit einer Aufschneidemaschine in sehr dünne Scheiben schneiden. Vier kalte Teller mit Salatblättern und fein gestiftelten Radieschen belegen und die Rindsfiletscheiben darauf verteilen. Das Kürbiskernölpesto darüberträufeln und sofort servieren.

Tipp: Das Fleisch vorher einfrieren, damit es sich besser hauchdünn aufschneiden lässt.

Paradeiserpesto

Zutaten für ca. 800 ml

800 g Paradeiser
5 EL Pinienkerne
Saft einer unbehandelten Zitrone
Salz und Pfeffer
2 Knoblauchzehen
5 EL Parmesan, gerieben
150 ml Olivenöl

Die Paradeiser in kochendes Wasser tauchen, schälen und in ganz kleine Würfel schneiden, die Knoblauchzehen schälen und fein schneiden, die Pinienkerne mit einem Messer grob hacken. In einer Schüssel Zitronensaft und Olivenöl verrühren und mit Salz und Pfeffer würzen, danach mit den Paradeiswürfeln, dem Knoblauch, den Pinienkernen und dem Parmesan gut vermischen.

Tipp: Eignet sich gut als Marinade für Salate, als Dip oder zu Gegrilltem.
Paradeiserpesto kann im Kühlschrank gut verschlossen einige Wochen aufbewahrt werden.

Apfel-Kren-Pesto

Zutaten für 500 ml

2 Äpfel (200 g)
100 g Kren, fein gerissen
100 g Parmesan, frisch gerieben
Salz
Saft von 1 Zitrone
100 g Pinienkerne
60 ml Rapsöl

Äpfel schälen, Kerngehäuse ausstechen und die Äpfel fein schaben. Zitronensaft und Kren beigeben und vermischen. Pinienkerne im Mörser fein zerstoßen oder ganz fein hacken (Cutter). Mit den restlichen Zutaten zur Apfel-Kren-Masse geben, salzen, verrühren und abschmecken. In Gläser abfüllen und kalt stellen.

Tipp: Schmeckt gut zu gekochtem Rindfleisch oder Zunge.

Basilikum-Pesto

Zutaten für 350 ml

3 Knoblauchzehen
2 EL Pinienkerne
100 g Parmesan, frisch gerieben
60 g Basilikumblätter
1 KL Salz
2–3 Stängel Bohnenkraut
15 cl Olivenöl

Die Knoblauchzehen schälen und mit etwas Salz in einem Mörser oder in einer Schüssel zu einer glatten Paste verarbeiten, die Pinienkerne hinzufügen, zerstampfen und mit der Knoblauchpaste verrühren. Die Kräuter beigeben und ebenfalls zerstampfen, Parmesan und Olivenöl abwechselnd löffelweise dazugeben, bis eine dicke Sauce entstanden ist (das Pesto sollte die Konsistenz von Mayonnaise aufweisen).

Tipp: Ist das Pesto zum Aromatisieren von gekochten Nudeln gedacht, wird es vor dem Vermischen mit etwas Nudelkochwasser dünnflüssiger gemacht.

Bärlauch-Pesto

Zutaten für 350 ml

100 g Bärlauchblätter, ohne Stiele
15 cl Kürbiskernöl
50 g Parmesan, frisch gerieben
50 g Pinienkerne
Salz und Pfeffer

Bärlauchblätter waschen und trocken tupfen, anschließend klein schneiden und mit allen Zutaten (außer Parmesan) im Mixer pürieren. Zuletzt den Parmesan untermischen, verrühren und abschmecken. In Gläser abfüllen, verschließen und im Kühlschrank aufbewahren.

Tipp: Bärlauch hat eine sehr kurze Saison, daher sollte man sich auf diese Weise einen Vorrat schaffen.

Apfel-Kren-Pesto (oben),
Basilikum-Pesto (links) und
Bärlauch-Pesto (rechts)

Kräuter-Pesto

Zutaten für 300 ml

50 g Petersilienblätter
30 g Dill
20 g Zitronenthymian, gerebelt
100 g Parmesan, frisch gerieben
Salz und Pfeffer
50 g Estragonblätter
30 g Basilikumblätter
100 g Pinienkerne
ca. 100 ml Olivenöl

Kräuter und Pinienkerne im Mörser (oder mit einer Küchenmaschine bei niedriger Geschwindigkeit) zu einer Paste verarbeiten, Parmesan zugeben und vermischen. Danach das Olivenöl einrühren, bis das Pesto die gewünschte Konsistenz erreicht hat. Mit Salz und Pfeffer würzen, abschmecken und in Gläser abfüllen.

Tipp: Eignet sich auch für Risotto.

Knoblauch-Pesto

Zutaten für 400 ml

200 g Knoblauch
100 g Pinienkerne
50 g Parmesan, frisch gerieben
Salz
100 g Ingwer
20 g Kümmel
ca. 100 ml Sonnenblumenöl

Geschälten Knoblauch und Ingwer sowie Pinienkerne mit Kümmel im Mörser zu einer Paste zerstampfen. Parmesan zugeben und das Sonnenblumenöl langsam einrühren, bis das Pesto die gewünschte Konsistenz hat. Mit Salz würzen und abschmecken, in Gläser abfüllen, verschließen und kalt stellen.

Tipp: Passt gut zu heißem und kaltem Schweinsbraten.

Haselnuss-Walnuss-Pesto

Zutaten für 450 ml

1 EL Walnussöl
100 g Haselnüsse
100 g Parmesan
Salz und Pfeffer
100 g Walnüsse
10 g Kerbel
150 ml Walnussöl

1 EL Walnussöl in einer geeigneten Pfanne erwärmen und darin die Nüsse leicht rösten, abkühlen lassen und danach in einer Küchenmaschine fein hacken. Kerbel zugeben und auf niedriger Stufe kurz laufen lassen, die Masse in eine Schüssel geben, Parmesan beifügen und mit dem übrigen Walnussöl gut verrühren. Mit Salz und Pfeffer würzen, abschmecken und in Gläser abfüllen. Kalt und dunkel lagern.

Tipp: Walnussöl hat einen intensiven Eigengeschmack.

Kräuter-Pesto (links) und Knoblauch-Pesto (rechts)

Salatmarinaden und Dressings

Das Geheimnis einer guten Salatmarinade oder von Dressings liegt in der Verarbeitung von ausschließlich erstklassigem Grundmaterial (gutem Essig und wohlschmeckendem Öl). Eine alte Küchenweisheit besagt, dass für einen guten Salat vier Personen gebraucht werden: ein Geizhals für den Essig, ein Weiser für das Salz, ein Verschwender für das Öl und ein Irrer, um alles zu vermischen.
Wie verschieden die Geschmäcker auch sind, wichtig ist, dass die Marinade nicht zu sauer, aber würzig ist, denn es ist die eigentliche Seele jeden Salates.

Als Basis sollte folgende Marinade dienen:

1 EL Essig
etwas Pfeffer, frisch gemahlen
2–3 EL gutes Sonnenblumenöl o. Ä.
1 Prise Salz
1 KL scharfer Senf

In einer Glasschüssel mit dem Schneebesen Essig, Salz, Pfeffer und Senf verrühren, erst dann das Öl langsam untermengen.

Variationen für diese Basis sind:

- fein gehackte Kräuter (Petersilie, Schnittlauch, Dill, Maggikraut, Kerbel, Estragon, Basilikum, Zitronenmelisse) und / oder
- ein hart gekochtes Ei, klein geschnitten, und / oder
- geschälte Paradeiserstückchen zum Untermengen.

Falls die Marinade etwas zu sauer geraten ist, kann man sie durch Zugabe eines hart gekochten, klein geschnittenen Eies oder eines geschälten, in kleine Stücke geschnittenen Paradeisers retten.

Weiters kann man verschiedenste Salatdressings und -saucen auf Mayonnaise-, Sauerrahm- oder Joghurt-Basis herstellen.

Roquefort-Salatsauce

100 g Roquefort
2 EL Kirschschnaps
1 Prise Muskatnuss
5 EL Obers
100 ml Milch
Salz und Pfeffer
Saft von 1/2 Zitrone

Die Salzkruste des Käsestücks entfernen und den Roquefort in Würfel schneiden, den Käse mit einem Löffel durch ein Sieb drücken, die Milch dazugießen und mit dem Käse verrühren. Den Kirschschnaps dazugeben und ebenfalls gut unterrühren. Mit Salz, Pfeffer, Muskatnuss und Zitronensaft würzen, das Obers steif schlagen und unter den Dip ziehen, nochmals abschmecken.
Tipp: Diese Salatsauce können Sie sowohl als Dressing zu Radicchio oder zu Chicorée verwenden, sie schmeckt aber auch als Dip für verschiedenste rohe oder knackig gekochte Gemüsesorten hervorragend!

Armagnac-Salatdressing

100 g Mayonnaise
20 ml Armagnac
1 Prise Paprika
Zitrone
4 EL Obers, steif geschlagen
1 Prise Salz
1 EL

Alle Zutaten vermischen und abschmecken.
Tipp: Passt zu allen Blattsalaten.

Erdäpfelsalat-Dressing

250 ml Rindsuppe
Salz und Pfeffer
2 EL Weißweinessig
1 EL Kürbiskernöl
Zucker
1 Msp. Dijonsenf
1 rote Zwiebel
Schnittlauch

Die Suppe aufkochen, mit Zucker, Salz, Pfeffer, Senf und Weißweinessig abschmecken. Die blättrig geschnittenen Erdäpfel damit marinieren. Zwiebel fein schneiden und unter den Erdäpfelsalat mischen. Zum Schluss das Kernöl unterrühren und mit Schnittlauchröllchen bestreuen.

French-Dressing

60 ml Olivenöl
1 Knoblauchzehe, zerdrückt
Pfeffer, frisch gemahlen
1/2 EL Dijonsenf
1 EL Essig
1 EL Joghurt

Öl mit Senf glatt rühren, Gewürze, Essig und Joghurt dazugeben.

Roquefort-Salatsauce

Gorgonzola-Dressing

30 g Gorgonzola
Salz und Pfeffer
125 ml Obers
1 EL Zitronensaft

Gorgonzola passieren, Obers nach und nach unter Rühren mit dem Handmixer dazugeben. Sobald die Sauce cremig ist, mit Salz, Pfeffer und Zitronensaft abschmecken.

Tipp: Passt zu allen herben Blattsalaten. Ergibt eine besondere Vorspeise, wenn man gehackte Walnüsse über den Salat streut.

Salatmayonnaise

1 Ei
2 EL Weißweinessig
100 ml Sonnenblumenöl
Salz und Pfeffer
1 Zitrone
200 ml Olivenöl
100 g Crème fraîche oder Sauerrahm

Ei trennen und nur den Eidotter in einen Schneekessel geben, Zitrone auspressen und den Saft zum Eidotter geben, den Weinessig ebenfalls hinzufügen. Eidotter mit Essig und Zitronensaft kräftig mit dem Schneebesen aufschlagen. Das Öl zunächst tröpfchenweise, dann in dünnem Strahl langsam dazugeben und ständig kräftig weiterschlagen. Crème fraîche unterrühren, mit Salz und Pfeffer würzen.

Tipp: Wenn man die Mayonnaise etwas „leichter" will, so kann man statt Crème fraîche auch fettarmes Joghurt hinzufügen. Salatmayonnaise passt gut zu Gemüsesalaten wie Erdäpfel-, Karfiol-, Sellerie- oder Erbsen-Karotten-Salat.

Kräutermarinade

1–2 EL Essig
3 EL gehackte Kräuter (z. B. Dill, Schnittlauch, Petersilie, Liebstöckel)
3–4 EL Maiskeimöl
1 Prise Zucker
1/2 KL Estragonsenf
Salz und Pfeffer

Alle Zutaten (außer dem Maiskeimöl) verrühren, 10 Minuten ziehen lassen, dann das Öl einmischen.

Tipp: Für alle Blattsalate, Fisolen- und Karfiolsalat geeignet.

Kräutervinaigrette

1 Schalotte
1 Paradeiser
1 Bund gemischte Kräuter
2 EL Weißweinessig
(Estragon, Petersilie,
Saft von 1/2 Zitrone
Basilikum, Schnittlauch)
Salz, Pfeffer, Zucker
1 KL Senf
6 EL Olivenöl

Die Schalotte schälen, halbieren und in kleine Würfel schneiden. Paradeiser kreuzweise einritzen, mit heißem Wasser überbrühen, schälen, halbieren und entkernen, Fruchtfleisch in Würfel schneiden. Kräuter waschen, trocknen, entstielen und fein schneiden. Essig, Zitronensaft, Salz, Pfeffer und Zucker verrühren, den Senf dazugeben, dann nach und nach das Öl unterschlagen. Zuletzt die Schalotten- und Paradeiserwürfel sowie die Kräuter unterrühren. Mit einem Salatblatt oder einer Scheibe Salatgurke garnieren und zu beliebigen gemischten oder grünen Salaten reichen.

Tipp: Vinaigrette passt gut zu zarten Blattsalaten, wie z. B. Butterhäuptel oder Friséesalat, aber auch zu Paradeisersalat.

Joghurt-Zitronen-Salatsauce

300 g Joghurt (3,5 % F. i. Tr.)
1 unbehandelte Zitrone
Salz, Pfeffer und Zucker
1 Handvoll Zitronenmelisseblätter

Joghurt in eine Schüssel geben. Die Zitronenschale fein darüberreiben, danach die Zitrone halbieren, den Saft auspressen und unter das Joghurt rühren. Die Sauce mit Salz, Pfeffer und Zucker würzen, die Zitronenmelisseblätter fein schneiden, unterrühren und abschmecken.

Tipp: Salatsaucen auf Joghurtbasis schmecken sehr gut zu knackigen grünen Salatsorten (wie z. B. Eisbergsalat oder Grazer Krauthäuptel), die nicht zu schnell zusammenfallen. Aber auch zu Gurkensalat oder zu mit Hühner- bzw. Putenfleisch kombinierten Salaten passen sie hervorragend.

Sherry-Salatdressing

1 Ei
3 KL Zucker
1 EL Zitronensaft
3 EL Obers
100 ml Sherry
2 EL Orangensaft
1 KL Butter

Alle Zutaten außer steif geschlagenes Obers im heißen Wasserbad aufschlagen (die Masse darf jedoch nicht kochen!), kalt stellen, dabei öfters durchschlagen. Vor dem Servieren geschlagenes Obers unterziehen.

Tsatsiki

1 Salatgurke
125 ml Sauerrahm
Knoblauch nach Bedarf
1 EL Olivenöl
Dill
125 ml Joghurt
Salz
1 EL Weinessig
etwas Zitronensaft

Salatgurke waschen (bzw. schälen) und fein hacken (oder raspeln), etwas ausdrücken. Joghurt in ein feines Sieb geben und abtropfen lassen. Fein gehackte Gurke mit Sauerrahm, Joghurt und den anderen Zutaten gut vermischen, anschließend kühl stellen. Mit fein gehacktem Dill bestreut servieren.

Sauerrahm-Honig-Salatsauce für Blattsalate

4 EL Sauerrahm
2 EL Essig
Salz
1 EL Honig
1 EL Olivenöl

Alle Zutaten in einem Mixbecher gut durchmischen, über den gewaschenen Salat gießen und verrühren.

Senf-Salatsauce

4 Eier
4 EL Maiskeimöl
Salz und Pfeffer
4 EL Englischer Senf oder Estragonsenf
2 EL Zitronensaft

Die hart gekochten Eier schälen, halbieren, Eidotter aus dem Eiklar lösen und mit einer Gabel zerdrücken. Eiklar in kleine Würfel schneiden und über den Salat streuen. Eidotter mit dem Senf vermischen und unter ständigem Rühren nach und nach Öl dazugießen. Mit Salz, Pfeffer und Zitronensaft abschmecken.

Tipp: Diese Sauce können Sie für Blattsalate, aber auch für Nudel- oder Gemüsesalate verwenden.

Kernöl-Rahm-Dressing

2 EL Balsamico-Essig
2 EL Sauerrahm
Salz und Pfeffer
4 EL Kernöl
50 ml Obers
Petersilie, gehackt

Alle Zutaten mit dem Handmixer glatt rühren, kurz vor dem Servieren mit dem Salat mischen.

Kräuter-Joghurt-Dressing

1 Zwiebel
250 ml Joghurt
Petersilie
3 EL Zitronensaft
Salz und Pfeffer
2 Knoblauchzehen
Dill
Basilikumblätter
3 EL Olivenöl
1 Prise Zucker

Zwiebel schälen und sehr fein schneiden. Knoblauch schälen und zerdrücken. Joghurt, Zwiebel, Knoblauch und die klein gehackten Kräuter mit Zitronensaft und Olivenöl verrühren. Mit Salz, Pfeffer, Zitronensaft und Zucker abschmecken.

Weisswein-Salatmarinade

Saft einer 1/2 Zitrone
6 EL Salatöl
Salz
65 ml Weißwein
1 KL Englischer Senf

Alle Zutaten gut verrühren, die Sauce sollte dicklich und nicht zu dünnflüssig sein. Kalt stellen und vor dem Verzehr nochmals durchrühren.

Kürbiskernöl-Marinade

1 kleine Frühlingszwiebel
1 KL Braunzucker
1 KL Estragonsenf
1 EL Kren, fein gerissen
4 EL Kürbiskernöl
4 EL Kürbiskerne, geröstet
1 Knoblauchzehe
4 EL Rindsuppe
4 EL Apfelessig
Salz und Pfeffer
1 Bund Schnittlauch

Die Frühlingszwiebel putzen, der Länge nach halbieren, waschen, abtrocknen und fein schneiden, Knoblauch schälen und fein schneiden. Den Zucker in der erwärmten Suppe auflösen, Senf und Essig in einer Schüssel verrühren, Jungzwiebel, Knoblauch, Kren und aufgelösten Zucker zugeben, mit Salz und Pfeffer würzen. Das Kürbiskernöl löffelweise einrühren. Schnittlauch fein schneiden und mit den gehackten Kürbiskernen untermischen und abschmecken.

Tipp: Diese Kernölmarinade passt zu Erdäpfel-, Käferbohnen-, Endivien-, Vogerl- und Krautsalat.

Kräuter-Obers-Dressing

125 ml Obers
2–3 EL Essig
Petersilie
1 KL Sardellenpaste
2 EL Mayonnaise
Saft von 1 Zitrone
Dill
1 KL Zucker

Obers steif schlagen, mit Mayonnaise, Essig und Zitronensaft verrühren. Kräuter waschen, fein hacken und mit Sardellenpaste und Zucker unter die Sauce rühren.

Tipp: Eignet sich für Kopf-, Chicoree-, Sellerie-, Karotten- und Schwarzwurzelsalate.

Walnuss-Marinade

1 Ei, hart gekocht
1 Knoblauchzehe
2 EL Zitronensaft
1 EL Kräuter (Kerbel, Liebstöckel, Petersilie, Estragon, Dill, Schnittlauch)
5–6 Walnusskerne
6 EL Walnussöl
Salz und Pfeffer
1 Prise Zucker

Das hart gekochte Ei schälen, fein hacken, Walnusskerne ebenfalls fein hacken. Knoblauchzehe schälen, pressen, Öl und Zitronensaft verrühren, Ei, Walnusskerne, Knoblauchzehe und gehackte Kräuter untermischen und mit Salz, Pfeffer und Zucker würzen.

Tipp: Passt vorzüglich zu einem Wildblattsalat als Vorspeise.

Dessertsaucen

Was wäre so manche Nachspeise ohne eine süße Sauce? Erst sie verfeinert den Geschmack und vervollständigt das Genuss-Erlebnis. Auch hier sind die Möglichkeiten unendlich, viele basieren auf Frucht-Mus, andere auf Sauerrahm, Obers, Pudding oder Ähnlichem.
Auf den folgenden Seiten stellen wir Ihnen einige dieser süßen Köstlichkeiten vor.

Marillenbutter mit Rum *(Foto siehe Seite 168)*

Zutaten 300 ml

90 g getrocknete Marillen, klein geschnitten
Schale von 1/2 Zitrone, fein gerieben
250 g Butter, weich
30 g Mandeln, gemahlen
2 EL Rum (80 %)
1 KL Vanille-Extrakt

Die Marillen in eine Schüssel geben, mit Wasser bedecken und über Nacht weichen lassen. Das Wasser abgießen, die Marillen mit den übrigen Zutaten in ein Mixglas geben und bei niedriger Geschwindigkeit pürieren. Die aromatisierte Butter in kleine Töpfe geben, mit Frischhaltefolie zudecken und kühl lagern.

Tipp: Eignet sich sehr gut zum Backen oder für Saucen und Crémen. Diese köstlich aromatisierte Butter hält sich im Kühlschrank bis zu einem Monat frisch.

Marillenbutter
mit
Rum

Puddingsauce

Zutaten für 250 ml

125 g Butter
2 EL Weinbrand
125 g Staubzucker
1 EL Sherry

Die Butter mit dem Staubzucker schaumig schlagen, bis die Masse hell ist. Den Weinbrand und den Sherry in kleinen Mengen nach und nach dazugeben und dabei wieder kräftig schlagen.

Tipp: Die Sauce kann zu fast allen Puddings serviert werden!

Pfirsichsauce

Zutaten für 600 ml
500 g Pfirsiche
10 cl Madeira oder roter Portwein nach Belieben
15 cl Läuterzucker*

Die halbierten und entsteinten Pfirsiche mit dem Madeira oder Portwein und dem Läuterzucker in einen Topf geben. Etwa 5 Minuten bei niedriger Hitze köcheln, bis die Pfirsiche weich sind. Ein Sieb über eine Schüssel legen und die Pfirsiche hineingeben, den Saft aufbewahren. Die Früchte durch das Sieb streichen und die Häute entfernen. Die Sauce mit etwas Fruchtsaft verdünnen.

Tipp: Diese Sauce schmeckt sehr gut zu Eiscréme und Biskuit.

** Läuterzucker erhält man, indem man Wasser und Zucker zu gleichen Teilen aufkocht und wieder abkühlen lässt. Eventuelle Unreinheiten des Zuckers flocken an der Oberfläche als Schaum aus, den man leicht abschöpfen kann.*

Erdbeer-Pfeffersauce

Zutaten 300 ml
250 g Erdbeeren (am besten schmecken Walderdbeeren)
80 g Kristallzucker
Saft von 1 Zitrone
1 EL Erdbeerlikör
1 EL grüne Pfefferkörner, leicht zerdrückt

Die Erdbeeren waschen, Blätter und Stiele entfernen, in ein Mixglas geben und mit dem Kristallzucker pürieren. Zitronensaft und Erdbeerlikör zugeben, verrühren, danach die zerdrückten grünen Pfefferkörner unterziehen. Abschmecken und in Schalen servieren.

Tipp: Passt sehr gut zu Schokolademus und Desserts mit Joghurt oder Topfen.

Erdbeer-Pfeffersauce (vorne)
und Pfirsichsauce (hinten)

Rhabarbersauce

Zutaten für ca. 1 l

500 g Rhabarber, geputzt und in 3 cm lange Stücke geschnitten
30 cl Süßwein
60 g Rosinen
ca. 125 g Kristallzucker
10 cl Wasser
2 EL Maizena (Stärkemehl)
15 cl Wasser
1/2 Zimtstange
2 Streifen dünn abgeschälte Zitronenschale

Die Rhabarberstücke mit Wasser ca. 15 Minuten kochen, bis sie weich sind, dann durch ein feines Sieb passieren. Maizena mit 15 cl Süßwein verrühren, dann zum Rhabarberpüree geben und den restlichen Süßwein hinzufügen. Die Mischung bei schwacher Hitze bis zum Siedepunkt erhitzen und unter ständigem Rühren etwa 5 Minuten köcheln lassen. In der Zwischenzeit die Rosinen mit der Zimtstange und den Zitronenschalen in 15 cl Wasser ca. 10 Minuten köcheln lassen, bis die Rosinen prall sind. Die Zimtstange und die Zitronenschalen herausnehmen, die Rosinen mit dem Sud zum Rhabarber geben. Nach Geschmack mit Kristallzucker süßen und abschmecken.

Tipp: Passt gut zu Grießschmarren und Topfenknödeln.

Kirschensauce-Dorotka

Zutaten für 1 l

500 g Kirschen, entsteint
8 cl Rotwein
1/2 KL Zimt, gemahlen
15 cl Wasser
60 g Kristallzucker
Schale von 1/2 Zitrone, fein gerieben

Die Kirschen mit Wasser, Rotwein, Kristallzucker, Zimt und Zitronenschale ca. 15 Minuten kochen lassen. Die Kirschen danach durch ein feines Sieb in einen anderen Topf passieren. Anschließend das Püree ca. 10 Minuten weiterkochen lassen, bis es dick ist und ein intensives Aroma hat.

Tipp: Man sollte diese Sauce zu warmen Desserts heiß und zu kalten Desserts kalt servieren.

Mandelsauce

Zutaten für 750 ml

30 g Mandeln (einschließlich 2 Bittermandeln)
1 Vanilleschote, der Länge nach aufgeschlitzt
3 Eidotter, geschlagen
1/2 l Obers
15 cl Milch
2 KL Mehl, glatt
2 KL Kristallzucker

Die blanchierten, geschälten und grob geriebenen Mandeln und die Vanilleschote 15 Minuten in der Milch köcheln lassen. Die Milch durch ein Sieb in einen Topf gießen und Obers, Mehl und Kristallzucker unterrühren. Die Mischung unter ständigem Rühren bei schwacher Hitze ca. 10 Minuten erhitzen, bis eine sehr dicke Sauce entstanden ist. Von der Kochstelle nehmen, die Eidotter zugeben und gut verrühren.

Tipp: Diese Sauce passt gut zu Früchte-Muffins

Schaumsauce

Zutaten für 1 l

125 g Butter

150 g Staubzucker
1 Ei, gut aufgeschlagen
2 EL Weinbrand oder Sherry
1/8 l Obers

Die weiche Butter mit dem Staubzucker in einem Schneekessel schaumig schlagen, das Ei hinzugeben. Den Weinbrand oder Sherry in die Masse gießen und diese im Wasserbad so lange aufschlagen, bis sie dick, heiß und schaumig ist. Den Schneekessel vom Wasserbad nehmen, dann das steif geschlagene Obers unter die Sauce ziehen. In eine Schüssel füllen und heiß servieren.

Tipp: Diese Sauce passt gut zu Soufflés und leichtem Germgebäck!

Mandelsauce (vorne) und Schaumsauce (hinten)

Aus unserem Programm „Praxisbuch“

www.stocker-verlag.com

Gerd Wolfgang Sievers: **Nudeln, Nockerln, Spätzle** ISBN 978-3-7020-1258-8
Aufreiter u.a.: **Eingelegte Köstlichkeiten** ISBN 978-3-7020-1196-3
Andreas Fischerauer: **Essig & Senf** ISBN 978-3-7020-1165-9
Elisabeth Mayer: **Noch mehr Wildfrüchte, -gemüse, -kräuter** ISBN 978-3-7020-1214-4
Marianne Dam: **Brot backen** ISBN 978-3-7020-1215-1
Mayer/Klien: **Pilze zu jeder Jahreszeit** ISBN 978-3-7020-1035-5

Leopold Stocker Verlag
Graz – Stuttgart

Aus unserem Programm

„Einfach & gut!“

www.stocker-verlag.com

Folgende Titel sind in der Reihe „Einfach & gut“ bereits erschienen:

Apfel & Birne ISBN 978-3-7020-1190-1
Süßes aus Großmutters Küche ISBN 978-3-7020-1230-4
Fleisch & Geflügel ISBN 978-3-7020-1211-3
Knödel ISBN 978-3-7020-1265-6
Kürbis ISBN 978-3-7020-1221-2
Kohl & Kraut ISBN 978-3-7020-1191-8
Brot, Gebäck und Brotaufstriche ISBN 978-3-7020-1266-3
Obstkuchen ISBN 978-3-7020-1186-4
Terrinen, Sülzen, Pasteten ISBN 978-3-7020-1184-0
Fisch ISBN 978-3-7020-1185-7

Leopold Stocker Verlag
Graz – Stuttgart